AF582861

À DROITE !

Avertissement

Cher lecteur, l'honnêteté intellectuelle la plus élémentaire m'oblige à te signifier que le texte que tu t'apprêtes à déguster avec gourmandise n'est pas (tout à fait) celui que j'ai eu le plaisir de livrer aux spectateurs extatiques de ce mémorable « seul en scène ». Il a subi quelques modifications, rapport au fait que l'éditeur de cette pure merveille ne souhaitait pas avoir à débourser des millions d'euros en dommages et intérêts au bénéfice du Front national, en plus de ceux qu'il m'a versés à la signature du contrat. Mais l'esprit est là. Allez, hardi ! C'est la dernière ligne droite...

ISBN : 978-2-863-74373-7
Dépôt légal : mars 2016

Didier Porte

À droite !

MAZARINE

Du même auteur

Le Grand Livre de la connerie, en collaboration avec William Reymond, d'après une émission de Canal +, Canal + Éditions, 1994.

Sauvé des ondes, L'Archipel, 2003.

Porte flingue, Ramsay, 2008.

Les Pipoles à la porte !, La Découverte, 2009.

Insupportable ! Chronique d'un licenciement bien mérité, First Éditions (Gründ), 2010.

Incorrigible ! Chroniques d'un multirécidiviste, First Éditions (Gründ), 2011.

Présidents, poil aux dents !, avec Guillaume Doizy, Flammarion, 2012.

Ces grosses bêtes qui nous gouvernent, avec Morchoisne, Dargaud, 2012.

L'Atlas de la France qui gagne, Autrement, 2015.

NOIR SALLE

Voix off masculine,
celle du coach de l'artiste
qui s'adresse à lui en coulisses.
On entend le bruit d'un doigt
tapotant un micro,
puis le coach dit :

Attends, attends, attends, il est mal accroché… OK, alors, Didier, on est bien d'accord… Désormais, tu es de droite !…

Tu n'as plus le choix : la gauche est au pouvoir, en tant qu'humoriste et artiste, tu dois être dans l'opposition, donc de droite. C'est comme ça et pas autrement.

Ah non, ne commence pas ! Ce n'est pas le moment de se mettre à pleurer… Je suis sûr que tu vas très bien y arriver ! Tu as fait les exercices que je t'ai dit ?

Où est ta photo de Nadine Morano ? Tu l'as embrassée ?
Qu'est-ce que c'est que cette horreur ?!... Mais c'est un portrait de Mélenchon que tu as collé par-dessus !!! Arrache-moi ça, tout de suite !
Ah non, tu ne vas recommencer à pleurer ! Allez, embrasse Nadine !... Mieux que ça.
Voilà... Tu y vas, maintenant. Tu es de droite.
Tu vas tous les niquer, ces cons !

L'artiste déboule
sur le plateau
d'un pas décidé,
bras écarté et sourire
terriblement jovial.

Mes amis, bienvenue à la réunion hebdomadaire du groupe de paroles *Exil fiscal et joie de vivre* !
Prêts pour démarrer la séance ? Avec moi :
« Si tu paies moins de vingt pour cent, tape dans tes mains (*Clap, clap, clap !*)
Si t'es blindé d'abattements, tape dans tes mains (*Clap, clap, clap !*)
Si tu as un compte en Suisse, au Luxembourg, en Belgique
Si t'échappes à l'ISF, t'es not'copain ! (*Clap, clap, clap !*) »

Yes ! C'est bien, les amis. Je sens une belle énergie. On a la patate ! Que dis-je, la patate… Plein de patates !
Bien, ce soir, mes amis, nous recevons un nouvel écoutant dans notre petit groupe, un nouveau compagnon – que je ne qualifierai pas d'infortune, sinon il ne serait pas là. Hé, hé ! Je vous demande d'accueillir… Arnaud !

L'artiste s'adresse à un spectateur et sa compagne du premier rang, côté jardin.

Bonsoir, Nono !
Ah, je l'avais dit : il y a une belle énergie ce soir. Nous sommes tous très heureux de t'avoir parmi nous, Arnaud, ainsi que ta charmante épouse. Vous pouvez vous asseoir, ma chère. Ah, vous êtes déjà assise ? Parfait ! Et toi, Arnaud, tu ne veux pas un siège ?…Tu restes sur ses genoux ? Comme tu veux.
Et donc, si tu es parmi nous ce soir, mon cher Arnaud, c'est que tu t'intéresses à ceux qui se sont installés à Londres. *Yeeees ! Very good idea,*

my friend ! On adore l'Angleterre, ici, *is'nt it, happy fews* ? Bravo, Nono. Très bon choix de destination.

Comme on te l'a sûrement expliqué lors de ton entretien de motivation, ton admission définitive dans cet atelier d'écoute – que nous avons baptisé tous ensemble « L'amour est dans le » – suppose une période de probation, au cours de laquelle tu seras accompagné, et parfois réconforté, par ce que nous appelons un *partenaire de tranche supérieur*. Je te présente Jean-Michel [spectateur deux ou trois rangs derrière] qui est installé à Londres, depuis un bon moment déjà, et qui fait… De la musique de plein air ? C'est ça, Jean-Michel ? Il sera ton binôme, ton parrain, ton soutien moral. Tu en auras besoin, Arnaud. Tu sais, l'exil fiscal, c'est beaucoup de souffrance. Tu seras montré du doigt, stigmatisé, insulté parfois…

Gérard, tu veux prendre la parole ? [Spectateur du premier rang côté cour.] C'est encore trop tôt ?… Oui, je comprends. Tu vois, Arnaud, Gérard est encore très à vif. Quand on voit

ce gaillard, cette force de la nature, on se dit que rien ne peut l'atteindre. Et pourtant, dans cette grande carcasse, il y a un cœur qui… qui saigne, encore aujourd'hui. Gérard, on t'aime. En russe ? *Moui lioubim, tovarich !*
Je sais que beaucoup d'entre vous sont passés par des épreuves terribles depuis l'arrivée des… C'est difficile, n'est-ce pas ?… Vous avez du mal à prononcer le mot ? Ah oui, mais vous savez, il faut dire les choses. Il faut crever l'abcès, la parole est libératrice, elle est catharsis. Allez, faites-vous violence ! L'arrivée des… des so… Vous devez surmonter votre répugnance, que je partage, vous savez, mais il faut que ça sorte. Les so-cia… Les socialistes, voilà ! Bravo. Mais oui, vous vous sentez mieux, maintenant. Bien sûr. Nous sommes tous comme des enfants, on a besoin de dire des gros mots, ça nous soulage, ça nous désinhibe aussi. Allez-y, balancez ce qui vous passe par la tête, comme ça vient !
Charles, tu as une proposition ?… [Spectateur premier rang milieu.] Chaaaarles ! Je crois qu'il s'est

assoupi. C'est à cause du décalage horaire avec la Suisse. On le réveille ? Allez, on se prend par la main tous ensemble et on fait la vague. Avec moi :

« Emmenez-moi, au bout du lac Léman
Emmenez-moi où l'on parle allemand !
Il me semble
Que ma musiiique
Serait plus rentable à Zurich ! »

Ah, ouiiiiii !...

Jérôme, je ne t'ai pas entendu chanter ? **[L'artiste interpelle un spectateur du fond de la salle :]** Comment ça, tu n'es pas là ?... Mais si tu es là, je te vois ! Retire cette perruque ridicule, s'il te plaît. Tu dois vaincre ta timidité. Tu ne dois pas avoir honte de tes origines. Après tout, tu n'es plus ministre du Budget ; tu n'es même plus au gouvernement. Dans les yeux, je le dis, Jérôme : nous sommes tous très heureux de t'avoir avec nous. N'est-ce pas, les amis ? Je dirais même plus : nous sommes très fiers de toi, de ce que tu as accompli pour tous nos amis qui sont restés au bord du chemin, là-bas, en Francesansfric...

Oui, mon cher Arnaud, c'est comme ça que nous désignons ce pays en voie de sous-développement qui n'est plus tout à fait le nôtre : la Francesansfric !
C'est grâce à Jérôme si nos frères de niche et nos compagnons d'abattement restés coincés là-bas n'ont jamais eu à payer de leur poche ces hideux soixante-quinze pour cent dont l'idée avait germé dans le cerveau malade de ce répugnant pingouin collectiviste porté à l'Élysée par une populace décérébrée par ses propres carences alimentaires, inévitables quand on passe le plus clair de son chômage à mâchouiller des lipides saturés de viande chevaline chez Flunch ou au Buffalo Grill au lieu de s'astreindre à une nutrition équilibrée en descendant chez Gagnaire ou Robuchon !…
Nous te disons tous merci, Jérôme. En bloc et en détail. Merci, Jérôme !
Vous vous souvenez tous de la chanson de Jérôme ?… On y va :
« C'est un très bel immeuble

Accroché à la montagne
On y vient en train, par le TGV
Avec du liquide
C'est bien plus discret…
À l'Union des banques suisses, y a foule
Y planquer son fric, c'est cool
Oh oui c'est cool
Ou êtes-vous, Monfils et Gasquet,
Tsongaaaa, attendez-moiiiiiii ! »
Tous ensemble, pour Jérôme : « Le PS, nous on l'aime à l'UBS ! Le PS, nous on l'aime à l'UBS ! »
Belle énergie, les amis, belle énergie !!!

Je vous propose qu'on clôture la séance par une pensée pour notre ami Bernard [**l'artiste montre un spectateur du doigt, vers le fond de la salle**], qui n'a toujours pas obtenu sa nationalité belge.
C'est dégueulasse… C'est dégueulaaaaasse !
On est tous avec toi, Bernard. Ne lâche rien !
On t'aime, tu sais.
Liliane ! Liliane ? Faites un bisou à Bernard, s'il vous plaît… Un gros !

Non, pas un chèque ! Il se présente pas aux élections ! Un bisou suffira. Voilà !

Allez, on termine en chanson, tous ensemble :

« Si t'as un yacht ou une péniche, tape dans tes mains (*Clap, clap, clap !*)

Si tu t'en mets plein les niches, tape dans tes mains (*Clap, clap, clap !*)

Si t'as un compte à l'île de Man, aux îles Vierges, aux Caïmans

Si tu paies pas un kopeck, t'es trop malin ! (*Clap, clap, clap !*) »

NOIR SEC SALLE

L'artiste est debout
sur un cube
placé côté jardin
et il harangue le public.

La crise, la crise, la crise ! Vous n'avez que ce mot-là à la bouche. Elle a bon dos, la crise ! Regardez-vous ! Vautrés dans vos avantages acquis ! Engourdis par presque deux décennies de trente-cinq heures, de RTT, de jours fériés et de ponts du mois de mai jusqu'à en être hébétés ! Vos regards chafouins dardés sur l'horizon indépassable de vos cinq sacro-saintes semaines de congés payés, et la perspective radieuse de donner corps à votre inutilité ontologique en allant barboter jusqu'à l'écœurement dans le mélange de crème solaire rance et de bactéries coliformes qui fait office de mer Méditerranée, et qui, depuis que vous en avait fait le réceptacle de vos interminables ablutions estivales, n'est plus qu'un marigot infâme et nauséabond dont le ressac huileux vient lécher mollement les terrains vagues sableux, fleurant bon l'urine de chiwawa et toutes sortes de fluides corporels d'origines indéterminées, que d'aucuns désignent encore du nom de « plage », et sur lesquelles vous passez des heures et des heures avachis, à vous remémorer avec volupté toutes celles que vous avez perdues et fait perdre à la collectivité lors de vos dernières vacances de Pâques, des congés d'hiver qui les ont précédées, des fêtes de Noël juste avant, sans oublier les deux semaines de la Toussaint qui font tellement de bien après l'insupportable tunnel de deux mois de travail qui fait suite aux grandes vacances !

Jean-Michel Aphatie, Christophe Barbier et Franz-Olivier Giesbert ont bien raison : vous êtes vraiment des feignasses !

NOIR SEC SALLE

Bon, jusque-là, c'est pas mal... Mais tu peux faire mieux !

Tu peux être encore plus de droite. Pense au pognon. Celui qui est dans la caisse à l'entrée et qui te tend les bras... Tu as compté les spectateurs ? Eh, eh... C'est que ça doit faire un bon petit paquet d'oseille, tout ça ! Tu visualises bien les biffetons ?... Oui ?

Maintenant, pense à ce qui va rester une fois que tu auras payé les cachets des bons à rien d'intermittents du spectacle qui te servent de régisseurs, tes charges sociales, la société de droits d'auteur, tes impôts – sans parler de tous les étudiants en quatorzième année de sociologie et les chômeurs à durée indéterminée qui paient moitié prix leur billet d'entrée quand ils viennent voir tes spectacles !

Tu sens comme tu es bien de droite, là, d'un seul coup ?
Pourquoi tu crois qu'ils rigolent dans le public ? Ils se foutent de toi !… C'est que des fonctionnaires, des profs, des retraités, des chômeurs. Qui te piquent ton pognon, et ça les fait marrer !!!
Allez, à l'abordage ! Nique-les, ces fumiers !

Apparition de l'artiste
au milieu du plateau.

François Hollande est mou ! Il est mouuu… Il est tout moumou ! Mais alors mou ! Hou, qu'il est mou !… C'est un Chamallow tout ramolli. Une mimolette toute mollassonne. Une moule avec une moumoute. Qu'il fait teindre, en plus… Oh, mon Dieu qu'il est mou !
Ça envoie dur, n'est-ce pas ? Non, pas trop ?… Excusez-moi : je débute dans l'humour de droite. Il faut me laisser un peu de temps.
Faut vous mettre à ma place. Maintenant que je suis un humoriste de droite, je réalise que ce n'est pas si facile que ça de cogner sur François Hollande. J'ai un peu l'impression de jouer contre mon camp, de me tirer une balle dans la talonnette.
Entre la signature du pacte budgétaire européen avec sa fameuse règle d'or et le vote de la loi

sur la soi-disant sécurisation de l'emploi, en passant par les cinquante milliards de cadeaux sans contreparties aux entreprises, le nucléaire déclaré filière d'avenir, les évacuations de camps de Roms à grands coups de rangers dans les fonds de culottes rapiécés tous les matins, et enfin les nominations de Manuel Valls à Matignon et de Macron à Bercy, je me rends compte que le slogan de campagne de François Hollande, « Le changement, c'est maintenant », était à prendre au pied de la lettre.

Le changement, c'était maintenant, au moment de l'élection présidentielle. Mais pas après. C'est-à-dire *maintenant-maintenant.* Maintenant-maintenant, c'est la continuité d'avant « Le changement, c'est maintenant ».

Je ne sais pas si je suis suffisamment clair…

Même *avant-avant*, c'est-à-dire pendant la campagne électorale, j'ai éprouvé un terrible pressentiment à propos de ce fameux changement. Je me souviens, tous les soirs, avant de m'endormir, j'entendais des voix bizarres qui me résonnaient dans la tête…

Montage sonore mettant en parallèle des extraits des discours « de victoire » de Jacques Chirac en 2002 et de Hollande en 2012 : « Ils disent quasiment la même chose ! »

Ils forment un joli duo, n'est-ce pas ? C'est normal.

François Hollande, on a beau dire, c'est quand même le président de droite le plus sympathique qu'on ait eu depuis de le début de la Ve République. C'est Chirac au cul des vaches, mais avec vingt-cinq centimètres de moins. Du coup, il est beaucoup plus exposé. Et il en prend plein la figure, le pauvre.

Dès le début de son quinquennat, je me suis fait du souci pour lui... J'ai senti qu'il avait le mauvais œil. Il y a eu un certain nombre de signaux avant-coureurs alarmants. Il suffit de voir le nombre d'averses qu'il s'est prises sur le coin de la figure dès le jour de son investiture, le malheureux. Et ça n'a pas cessé depuis. Dans tous ses déplacements, il y a droit. Au point qu'à l'étranger on l'a surnommé Rainman. C'est pour ça qu'il a été aussi bien accueilli quand il s'est rendu au Mali : ils étaient persuadés qu'il allait faire pleuvoir ! Vous l'avez vu à l'île de Sein ? Il était censé rendre hommage aux marins du coin qui avaient rejoint le Général en 1939, mais on avait l'impression que c'était lui qui arrivait de Londres… à la nage.

Autre signe préoccupant : la foudre qui s'est abattue sur son avion pour Berlin le soir même de son investiture. Choper un coup de foudre en allant voir Angela Merkel, vous avouerez que c'est inquiétant ! On sent le type qui a la guigne…

Et on sent surtout le gars qui n'a pas du tout envie de faire la révolution. La grande réforme fiscale, on l'attend toujours. La séparation des activités bancaires, on oublie. Le plafonnement des salaires des grands patrons, à la trappe ! Le droit de vote des étrangers aux élections locales, on peut faire

une croix dessus. Le débat sur la dépénalisation du cannabis, surtout pas, malheureux…
À ce propos, vous avez entendu ce que Rachida Dati a déclaré sur l'antenne de BFMTV il y a quelques mois ? « Qui fume un joint termine à l'héroïne. » Et qui se tape un milliardaire termine pute ?
Pardon, pardon… Ça n'a rien à voir.
Et je ne vous parle pas du lâche soulagement du gouvernement quand il s'est rendu compte qu'il n'aurait pas, Dieu merci, à nationaliser les hauts-fourneaux de Florange, puisque monsieur Mittal avait promis cent quatre-vingts millions d'investissement sur cinq ans. Eh oui… Il les a promis, m'sieur Mittal. Les Indiens, ils y croient pas, au Père Noël. Mais ils savent que nous, oui !
François Hollande, le premier chef d'État dont la cravate fait office de pendule. Manque de bol, elle indique la droite en permanence !
Et ce n'est pas Manuel Valls qui risque de lui refaire son nœud dans le bon sens !

Tout le monde a glosé sur le discours quasi orgasmique que Manuel Valls a servi à Pierre Gattaz lors d'une récente université d'été du Medef. C'est vrai que c'était limite porno. Mais, vous savez, les préliminaires avaient eu lieu plusieurs mois auparavant, à l'occasion de la grande conférence de presse du président Hollande, en janvier 2014.

Pour y assister, moi, je m'étais rendu directement au siège du Medef, car je savais qu'ils avaient installé un écran géant dans le hall d'entrée. Et je n'avais pas été déçu. Une ambiance de folie ! J'avais pas vu ça depuis la finale de la Coupe du monde en 1998. Tous les patrons du CAC 40 avaient enfilé des tee-shirts Daft Punk avec des casquettes Piaggio, et ça gueulait à pleins poumons : « Vas-y, François ! T'es le meilleur ! Les sans-dents, les prolos, on va les mettre au boulot ! » en hommage au héros de la rue du Cirque.

Ça a commencé à chauffer très fort quand le chef de l'État a indiqué : « J'ai choisi de privilégier l'offre, car c'est l'offre qui crée la demande. » C'est à ce moment que François Pinault a lancé la chenille. Quand le président a annoncé les trente milliards d'exonération de cotisations familiales pour les entreprises, l'ambiance est encore montée d'un cran. C'est là que Maurice Lévy, le PDG de Publicis, s'est mis en caleçon et a commencé à chanter : « Et quand il pète, il troue son slip ! » Et, lorsque François Hollande a précisé qu'il allait créer un « observatoire des contreparties » pour vérifier que les patrons tenaient leurs engagements de créer des emplois, alors là, ça a été l'explosion dans la salle. Les types se roulaient par terre tellement ils rigolaient, les

bouchons de magnums de Dom Pérignon sautaient dans tous les sens, DSK a débarqué avec des copines, et on a même entendu quelques coups de feu tirés du fond de la salle où Serge Dassault s'était installé avec trois-quatre de ses employés municipaux de Corbeil.
Bref, c'est un peu parti en vrille. Mais, alors, quelle ambiance…
Ah, Hollande et les patrons, c'est quelque chose ! Sarkozy allait passer ses vacances sur le yacht de Bolloré. Hollande, lui, il offre à ce dernier de quoi s'en acheter un nouveau, deux fois plus gros que le précédent.

Les drames terribles que la France a connus cette année auront eu un seul effet positif : la presse nous parle un peu moins des amours torrides du chef de l'État avec une jolie actrice parisienne. Tant mieux. Je ne dirais pas que ça la foutait mal, mais ça faisait un peu « fin de règne sarkozyste »... Si tu rajoutais à ça le carton du bouquin de Trierweiler, les socialistes devaient commencer à regretter amèrement de ne pas avoir présenté à la présidentielle un type sérieux, stable sur le plan sentimental... Je sais pas, moi... DSK, par exemple ! Non, parce que, au niveau gonzesses, manifestement, avec François Hollande, le changement, c'est souvent.

En tout cas, grâce à Julie Gayet, notre Flamby national est désormais reconnu comme un authentique « sex symbol » : le « niqueur magnifique », comme l'a déjà surnommé Frédéric Mitterrand, Rocco Solférino pour les intimes.

À propos de DSK, vous avez suivi son procès à Lille ? C'est une honte, le harcèlement qu'on a fait subir à ce malheureux... Il ne vous aura pas échappé que, le jour même où son procès s'est ouvert, une dépêche AFP nous a annoncé que madame Nafissatou Diallo venait d'ouvrir un restaurant à New York. Alors que cette personne s'était plainte bruyamment d'avoir été importunée par Dominique Strauss-Kahn, on se rend compte, trois ans après les faits incriminés, que cette femme de chambre, par la simple magie de sa rencontre avec l'ancien patron du FMI, est devenue restauratrice, c'est-à-dire chef d'entreprise. On peut donc raisonnablement en déduire que le temps de leur brève rencontre à l'hôtel Sofitel, monsieur Strauss-Kahn et madame Diallo ont parlé cuisine et gastronomie française, ce qui a certainement déclenché la vocation de la jeune femme quelques années plus tard. Une hypothèse qui aurait le mérite d'expliquer les taches suspectes retrouvées sur la moquette de la chambre. En fait, DSK lui a montré comment monter une béchamel et, en voulant l'imiter, elle en a mis partout, cette maladroite. Le tour de main à la française, ça ne s'improvise pas !

Ah, les socialistes, ils sont bizarres, quand même...
Thomas Thévenoud, l'ancien membre de la commission d'enquête sur Cahuzac, qui oublie de remplir ses déclarations d'impôt – le gag. C'est un peu comme si le chirurgien qui t'opère de la prostate sortait du bloc toutes les cinq minutes pour aller pisser !
Parlons-en, de l'affaire Cahuzac. Vous l'avez déjà oubliée ? Cahuzac, qui avait juré ses grands dieux à Hollande et Ayrault qu'il n'avait jamais eu de compte en Suisse – « Juré craché sur la tête à Moscovici, si je mens, je vais aux îles Caïmans ! », qu'il leur avait dit... Et eux l'ont cru !

Dis-moi qui est ton ministre du Budget, je te dirai qui tu es. Mitterrand a eu Charasse. Chirac a eu Sarkozy. Sarkozy a eu Éric Woerth, et François Hollande a eu Cahuzac. Dit comme ça, c'est vertigineux. J'exige la publication d'un extrait de casier judiciaire du nouveau, Michel Sapin ! Non, parce que, si la tradition est respectée, on devrait très vite découvrir qu'il a été au catéchisme avec Bernard Tapie et qu'il a passé son permis de conduire avec Émile Louis.

À ce jour, la seule chose qui lui ait réussi, à notre président, c'est la guerre. D'ailleurs, il n'arrête plus de la faire. Du jour où nos troupes ont débarqué au Mali, il a été transfiguré. Une boule de testostérone. Un concentré de brutalité. Une authentique machine de guerre inaccessible à tout sentiment de pitié. N'avait-il pas annoncé son intention de « détruire les terroristes », le Terminator corrézien ? Il me foutait les jetons !... Comparé à lui, Vladimir Poutine, c'était Casimir. Même son Premier ministre de l'époque était méconnaissable. À Matignon, ils l'avaient surnommé le « camping-car killer ».

Pauvre Jean-Marc Ayrault ! On ne le regrette pas vraiment… C'est vrai qu'il avait le charisme d'un tube de Lexomil périmé. Et puis tristoune, avec ça. Au paroxysme de l'expression publique de sa joie de vivre, il me faisait un peu penser à un mormon neurasthénique qui viendrait de terminer le dernier Christine Angot, Jean-Marc.

C'est sûr qu'avec Manuel aux manettes, c'est autre chose. Manuel Valls, qui trouve parfaitement déplacé qu'on le présente comme un « Sarkozy de gauche », alors qu'il n'est pas de gauche du tout. Cessez de le calomnier, merde ! Depuis les premiers attentats de Paris et son discours gaullien à l'Assemblée, il est carrément devenu présidentiable, Manuel Valls. C'est bien normal, la France a peur, elle veut un président à poigne.

En attendant, que fait-on de nos jeunes musulmans radicalisés ? On les colle tous au gnouf, pour qu'ils y perfectionnent leurs savoir-faire ?…

Moi, je suis partisan de la prévention et de l'accompagnement des djihadistes, notamment en les préparant psychologiquement aux inévitables déceptions auxquelles sont exposés les combattants de l'islam.
Par exemple, l'histoire des soixante-douze vierges qui sont censées les attendre à leur arrivée au Paradis, il vaut mieux essayer de leur faire comprendre en douceur qu'il ne faut pas trop qu'ils comptent dessus. Dans l'hypothèse la plus favorable, elles seront peut-être au rendez-vous, mais dans quel état !...
Ben oui, si elles sont vierges à leur arrivée au Paradis, les gonzesses, ça signifie qu'elles le sont restées pendant toute leur vie terrestre. Je ne voudrais pas en tirer des conclusions hâtives, voire sexistes, mais je crains que ce ne soient pas toutes des bombasses, comme on dit.
Tu imagines ? Tu viens de te faire exploser avec cinquante kilos de Semtex sur la ceinture, à l'entrée d'un grand magasin, aux heures de pointe. Tu as réussi à tuer vingt-cinq personnes en plus

de ta pomme. T'es content de toi, mais tu en as quand même gros sur la patate et t'as besoin de te remettre d'aplomb... Tu débarques au Paradis avec une gaule de bienheureux, façon Strauss-Kahn qui se serait égaré dans les vestiaires de la Fashion Week, et là, sur quoi tu tombes ?... Soixante-douze sosies de Mireille Mathieu en burqa transparente, qui te tendent les bras en te susurrant des sourates olé olé avec un accent arabo-avignonnais à couper au couteau !

Non ! Pitié ! Pas ça !...

Au Danemark, ils ont un service de police entièrement dédié à l'accueil des djihadistes de retour au bercail. Et son responsable a déclaré au journal *Le Monde* : « Nous les accueillons à bras ouverts et nous leur demandons : avez-vous besoin d'aide ? » C'est vrai ! Ça, c'est du bon esprit. Ils ont raison, les policiers de Copenhague. Le djihadiste danois est d'un naturel délicat.

Quand tu mesures un mètre quatre-vingt-dix, que tu es blond aux yeux bleus, déjà, sur le terrain, du côté de Kobané, tu ne passes pas inaperçu. Les autres se foutent de ta gueule : « Regardez, les gars, y a Adriana Karembeu qu'a descendu un infidèle ! Eh, ma grande, avant de lui faire du bouche-à-bouche, oublie pas de lui couper la tête ! Ouahhhahah !... » Pendant les pauses déjeuner : « Hé, Jorgen-Mouloud ! T'es sûr qu'ils sont halal, tes Krisprolls ? Hé-hé... » Vous savez comment sont les djihadistes ?... ils sont taquins... et c'est le genre de réflexion qui finit par te saper le moral. Les pauvres types, quand ils rentrent au Danemark, ils sont minés. C'est le cas de le dire.

Je vous sens nerveux... Ne vous inquiétez pas ! Le théâtre est super-sécurisé.

On a engagé plein de nouveaux vigiles... Que des anciens de la RATP !...

Vous avez sûrement appris comme moi avec effroi qu'il y avait un ancien chauffeur de bus parmi les kamikaze du vendredi 13...

Vous savez pourquoi, selon son entourage, il a démissionné de la RATP ?

Il trouvait qu'il y avait « trop de tentations » ! C'est une vraie info !...
Le type a rendu son tablier parce qu'il estimait qu'il y avait trop de tentations à la RATP aux heures de pointe !...
Sur la ligne 148 entre Le Blanc-Mesnil et Bobigny !... Dans le 9-3 !
La ligne préférée des top models de l'agence Elite !
C'est là que tu vois qu'ils sont pas bien dans leur peau, ces gars-là !

Bien, les amis, nous sommes en guerre ; l'état d'urgence est proclamé pour trois mois minimum, il va falloir nous y habituer.
Ce qu'il faut faire en priorité, c'est mettre un terme le plus vite possible au fameux mot d'ordre : « Tous aux terrasses, à boire des coups pour emmerder Daech ! »
Ériger le pochetronnage généralisé en acte de résistance éminemment exemplaire me paraît une très mauvaise idée.

Faudrait voir à pas confondre Jean Moulin et Paul Ricard !… *Le Chant des partisans* et « il est des nôôôtres, il a bu son coup comme les autres ! »…

Je me permets de rappeler que l'alcoolisme fait cinquante mille morts chaque année en France, beaucoup plus que tous les attentats mis bout à bout depuis un siècle !

Ce n'est peut-être pas la peine d'en rajouter quelques milliers juste pour faire la nique aux djihadistes…

Bisque bisque rage ! Nous, on boit des gorgeons, on fume du chichon, on mange du filet mignon, on se tape des canons, bourre et bourre et patapon !…

Non ! Un peu de dignité, quand même…

J'ajoute qu'on vient d'apprendre que les policiers français vont pouvoir désormais conserver leur arme de service sur eux pendant leurs loisirs.

Si on leur explique en même temps qu'enquiller les tournées de petit jaune est une manifestation supérieure d'héroïsme patriotique, je crains que le taux de mortalité sur les terrasses de café ne soit pas amené à baisser substantiellement dans les semaines à venir…

Ce qui est certain, c'est que les flics, eux, ils adorent ça, l'état d'urgence.

C'est l'happy a-weur pour les perquises, 24 heures sur 24 !

Du coup, ils ont même placé des militants écolos en résidence surveillée.

Ils ont peut-être eu raison ; il y a peut-être des écolos djihadistes !

Qui font des attentats raisonnés… avec des kalashnikovs durables… et des explosifs bio ?

Mais revenons à notre prophète à nous, François Hollande. On lui reconnaîtra d'avoir tenu au moins une de ses promesses électorales : pendant la campagne, lors de son grand discours du Bourget, il s'était engagé à réduire son salaire et celui de ses ministres de trente pour cent – et il l'a fait. Mais, si je me souviens bien, en arrivant au pouvoir, Sarkozy avait augmenté la pige présidentielle de cent soixante-dix pour cent... Plus cent soixante-dix pour cent, moins trente pour cent : finalement, ce François Hollande, il est beaucoup plus malin qu'on l'imaginait ! En tout cas, grâce lui, on sait que la seule question que doit désormais se poser un socialiste vraiment moderne est la suivante : peut-on être riche et de gauche ? Et la réponse est : oui, camarade ! À condition d'être désolé.

« Mais comment puis-je exprimer concrètement ma désolation ? » me direz-vous… Eh bien tout simplement en donnant aux pauvres. Mais attention : uniquement à des pauvres de gauche. Il ne faut pas encourager les comportements déviants. J'estime que voter à droite quand on est pauvre est non seulement une faute de goût, mais une marque d'ingratitude. Avec tout ce que la gauche a fait pour les pauvres depuis trente ans… Notamment au niveau du maintien des effectifs.

J'ai bon espoir que les socialistes redeviennent un jour de gauche. J'ai vu Laurent Fabius en meeting pendant la campagne présidentielle, c'était impressionnant. Quand il a quitté la tribune, je m'attendais presque à le voir monter sur son mulet, enfiler son passe-montagne, se bourrer une bonne pipe et partir sous les cris de « *E viva Subcomandante Fabius !* ». J'en revenais pas de le voir autant de gauche. J'ai même cru qu'il était possédé. J'étais là devant mon poste en train de crier : « Sors de ce corps, Arlette, sors de ce corps ! »

Ah, Arlette ! Encore une qui n'a pas été remplacée... De toute façon, on sait bien qu'aujourd'hui, en France, la seule candidate trotskiste qui soit encore un peu crédible, c'est madame de Fontenay. Si !... Elle a un couteau entre les dents ! Mais comme elle oublie souvent de les mettre, les gens, ils ont moins peur.

Vous voyez que finalement j'y arrive bien à être de droite... Vous avez en face de vous Nadine Morano avec un cerveau !

NOIR SEC SALLE

Couplet d'une célèbre chanson catholique pétainiste encore très appréciée chez les intégristes

Pitié, mon Dieu, pour tant d'hommes coupables
Vous outrageant, sans savoir ce qu'ils font,
Faites renaître, en traits ineffaçables,
Le sceau du Christ, imprimé sur leur front !

Dieu de clémence, ô Dieu vainqueur,
Sauvez, sauvez la France, au nom du Sacré-Cœur,
Sauvez, sauvez la France, au nom du Sacré-Cœur !

L'artiste est debout
sur son cube,
situé cette fois
au centre du plateau.

Mais regardez-vous donc ! Paresseux… inefficaces… improductifs… velléitaires… fonctionnaires !
J'ai envie de dire : fonctionnaires de naissance !…
Traumatisés d'avoir vu le jour dans une salle de travail, vous avez collectivement décidé de ne plus jamais y mettre les pieds !
Quand je vous regarde, je repense à cet employé de la Sécurité sociale qui, au lendemain d'une semaine funeste qui avait vu le 1er mai, puis le 8 mai, tomber successivement un dimanche, déclara tout de go, non sans une certaine solennité, teintée de stoïcisme : « Ce qui ne me tue pas me rend plus fort ! »

Comme le dit le fameux proverbe chinois : « Quand le sage montre la lune du doigt, le Français s'étonne d'une telle dépense d'énergie pour si peu de valeur ajoutée en terme de gratification. » Quelle bande de cossards !... Vous me faites penser à un banc de moules sur un rocher à marée basse...

Le simple fait de vous contempler provoque chez moi une désagréable autant qu'irrépressible sensation d'ankylose. Vous avez l'apathie communicative, l'oisiveté contagieuse, la léthargie transmissible. Mon Dieu ! Mes paupières sont lourdes, de plus en plus lourdes, la catalepsie me guette, au secours !

Arrêtez ça tout de suite ! Vous êtes en train de m'hypnotiser !

Il paraît que, sous hypnose, on entre dans une autre dimension de la perception. Un peu comme dans les expériences de mort imminente. J'ai un ami fonctionnaire au conseil général des Bouches-du-Rhône qui a fait un infarctus, à la suite de l'annonce de la suppression provisoire de sa prime annuelle de déneigement, et qui m'a raconté ce qu'il avait vu pendant que son cœur ne battait plus. Je le cite : « Je me suis retrouvé en train de cheminer dans un tunnel cotonneux, bercé par une délicieuse musique antillaise, un zouk, ou une biguine, je sais plus trop… Je me sentais bien, apaisé, et je marchais sans effort, irrésistiblement attiré vers l'avant, je flottais plus que je ne marchais, et c'est avec extase qu'au bout du tunnel j'ai découvert…

– Une douce lumière bleutée ?

– Non, mes RTT ! »

Fainéants !

NOIR SEC SALLE

Second couplet de la chanson pétainiste

Pitié, mon Dieu, si votre main châtie
Un peuple ingrat qui semble la braver,
Elle commande à la mort, à la vie,
Par un miracle elle peut nous sauver !

Dieu de clémence, ô Dieu vainqueur,
Sauvez, sauvez la France, au nom du Sacré-Cœur,
Sauvez, sauvez la France, au nom du Sacré-Cœur !

L'artiste est assis
derrière une table
positionnée au centre du plateau.
Il consulte une feuille
tout en s'adressant
à un interlocuteur fictif
en face de lui.

Asseyez-vous. Enchanté. Vous vous appelez donc Jean-Kevin, vous habitez à…
Marcello ?…
C'est comme ça que vos amis vous appellent ? Ma foi, c'est joli aussi. Et pourquoi Marcello, vous avez des origines ?
Espagnoles ?… Marcello ?
Vous avez un cousin germain qui a vécu six mois à Lisbonne. Ah oui, dans ce cas…
Bien, mon cher monsieur Marcello, une remarque préliminaire : je constate que vous avez le sens de

l'humour, mais, vous savez, tout le monde n'a pas cette chance. Alors je vous mets en garde. Dans un CV, c'est toujours problématique. Vous voyez, par exemple, écrire « Curriculum vite fait » en en-tête, ce n'est pas une bonne idée. Ça fait un peu blague de CM2… Ce n'était pas une blague ? Ah ! Vous mettez juste C et V, OK ?
Et puis, sur le plan vestimentaire, le classique est à privilégier. Votre cravate est impeccable, mais, avec une chemise, ce serait quand même mieux. Votre maillot, là…
C'est ça, votre marcel ! Je trouve ça… C'est comme pour votre…
Pantacourt ? Ça fait quand même un peu dilettante.
Non, pas tante ! Hou là, non, non ! Je voulais dire *désinvolte*…
Bien. Donc, vous êtes animateur de télévision, c'est ça ? Et vous avez contribué à de très nombreux programmes. Je vous avoue que je ne les connais pas tous… Vous avez commencé dans « La Ferme Célébrités ». Ah oui, ça, je m'en

souviens. Vous faisiez… le pâle fermier de Pompon. Qué… qu'est-ce que c'est que ça ? Le percheron ? Ah oui. Le palefrenier de Pompon le percheron – d'accord. Non, parce que là, il y a écrit : le « pâle fermier »… Mais ce n'est pas grave. Ensuite, vous avez participé à « Secret Story ». Sicrète ? Ah, pardon. Donc « Sicrète Story 2 et 3 ». Et votre sicrète – votre secret était « que vous aviez mangé un furoncle » ? Fear Factor ! Pardonnez-moi, mais là, je décroche un peu… Ah, « Fear Factor » était une autre émission de télévision, d'accord. Dans laquelle on vous faisait manger des choses bizarres, notamment… des furoncles. Hé hé… Ça y est ! Tout est redevenu clair !

Et votre second secret était que vous étiez l'ex de Marie-Cyprine, que vous faisiez passer pour votre petite sœur alors qu'elle sortait avec Brandon sans avoir rien dit aux jumeaux et malgré le fait que Leymergine était votre meilleure amie dans la maison des secrets ?… Dites donc, faut suivre ! Leymergine… C'est original comme

prénom… Ça vient d'où ? Ah, OK, je vois qui c'est, oui… C'est parce qu'elle a été conçue devant « Télématin » ? !
On vous a vu aussi dans « L'amour est aveugle »… que je n'ai jamais regardée, personnellement. Ça consistait en quoi ?
Choisir une meuf en lui tâtant les *insses* dans le noir ? Ah, OK, les… Et dans le noir-noir ? Mais ça passe encore, ça ? Non ? Dommage, hum… Vous avez fait également « L'Île de la tentation 5 », ainsi que « Les Anges de la téléréalité 7 » et « L'amour est dans le pré 4 ». Oui, « L'amour est dans le pré », qui était une manière de valider les acquis de votre expérience en tant que palefrenier de Pompon le percheron à « La Ferme Célébrités » ?… On peut dire ça, hein ?!
Non, mais ce n'est pas important. En tout cas, vous avez un excellent dossier. Je suis très confiant.
Alors, ensuite, vous avez enchaîné avec « Les Ch'tis à Ibiza », « Les Marseillais à Miami » et,

à nouveau, « Les Ch'tis », cette fois à Mykonos. J'ai envie de vous dire : quelle polyvalence ! Non, mais ça veut dire que c'est bien, c'est positif ! Et, surtout, il s'agit incontestablement d'une séquence décisive dans votre background, à faire figurer en tête de votre bilan de compétences… Notamment pour les acquisitions à caractère linguistique et culturel qu'elle présuppose… J'imagine qu'après plusieurs mois passés à Ibiza, Miami et Mykonos on fait des progrès fulgurants en langues.

En marseillais et en ch'ti ? Eh ben voilà ! En tout cas, ce qui ressort de tout ça, c'est que votre profil d'employabilité est en totale conformation avec les impératifs de flexibilité qui prévalent désormais sur le marché du travail. Et…

Qu'est-ce que vous faites ? Non, mais arrêtez, vous allez vous faire mal ! Retirez votre jambe de derrière… Rasseyez-vous normalement ! Quand je parlais de flexibilité, c'était au sens du marché du travail…

C'est à « L'Île de la tentation » qu'on vous a demandé d'être le plus flexible ? Ah oui ? Et quelle était votre fonction exacte dans cette île de la...

Tentateur piscine ? Ah, je ne connais pas cette qualification. C'est une sorte de maître nageur, c'est ça ?

Ah oui, c'est assez impliquant, quand même... Jean-Édouard et Loana, je m'en souviens parfaitement, bien sûr. Oui, donc en fait, ça revient là aussi à tâter les *insses* des *meufs*, mais en plein jour. Et alors vous, vous cherchez quelque chose de plus stable ? Tentateur, mais plus près de chez vous ?...

Genre ?... « Maman cherche l'amour » ? Ah, ça non plus, je n'ai pas la chance de le voir. Le cahier des charges est de quelle nature ? Enfin, je veux dire, de quoi ça cause ?

Ah oui, c'est comme de l'aide à la personne, mais avec quand même des rapports sexuels ?... Pas trop ? D'accord... Mais vous avez une formation d'auxiliaire de vie ?

Régine et Danielle Gilbert ? Noon ! Les deux en même temps ! Mon Dieu... Sinon, vous avez un délai de carence ou un délai de franchise à respecter entre chaque émission ?...
Vous n'avez pas de caries et vous êtes quelqu'un de très franc ? J'entends bien, mais... quand je parle d'un délai de franchise, c'est... Pardonnez-moi cette digression, mais... Pourquoi vous m'appelez monsieur Paul depuis tout à l'heure ?...
Paul Emploi ? Ah... Non, non, Marcello ! Il y a maldonne. Je ne m'appelle pas Paul, mais je suis employé par Pôle emploi... Pôle, pas Paul... Pôle emploi, c'est un intitulé, ce n'est pas un patronyme...
Vous préférez Montpellier ? Excusez-moi, mais alors là, vraiment, je... Vous non plus vous n'êtes pas trop Nîmes, vous préférez Montpellier. OK, OK, OK, ça y est, je percute. Très drôle ! Ah, vous aimez vraiment plaisanter, vous. Bravo ! C'est important, quand on est en recherche d'emploi, de conserver sa bonne humeur, sa jovialité.

Ce n'était pas une plaisanterie ? Vous préférez vraiment Montpellier ? Ah non, mais je vous comprends parfaitement. Moi-même, j'aime beaucoup… la place de la Comédie, tout ça… Bien, écoutez, on a bien avancé. Il faut que je consulte l'organisme paritaire collecteur agréé, mais on devrait pouvoir vous financer, sinon un contrat d'accompagnement dans l'emploi, au moins une formation complémentaire. L'informatique, ça vous…

Jacques aussi ?

Jacuzzi ! Bien sûr. Testeur de Jacuzzi sur la Côte d'Azur. Pas de problème, on va vous trouver ça. Monsieur Marcello, on va vous écrire. Oui, oui, en très gros ! Allez, il faut y aller maintenant. Au plaisir !

Juste un dernier conseil… La photo de Pompon, sur le CV… C'est pas indispensable.

NOIR SEC SALLE

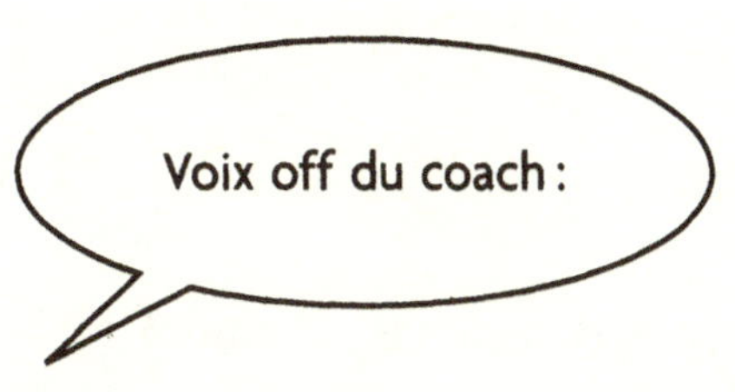

Non, c'est bien, c'est bien…
Mais tu n'es pas encore complètement dedans.
Tu es trop demandeur vis-à-vis du public.
C'est un peu comme si tu leur réclamais assistance. « À vot' bon cœur, m'sieurs-dames ! Donnez un peu de votre rire à un pauvre intermittent de l'humour… »
Ce n'est pas ça, être de droite, Didier !…
Tu vas les chercher, bon Dieu !
Tu te souviens de la phrase de Dominique de Villepin ?
« La France, elle veut qu'on la prenne, ça la démange dans le bassin ! »
Le public, c'est pareil ! Tu leur demandes pas leur avis, et tu les chopes par les roubignoles.
Surtout, tu ne leur laisses pas le temps de réfléchir : un rire toutes les dix secondes, minimum…

C'est qui le patron, sur scène ?... Le boss. Le taulier.
Allez, fonce dans le tas, ils sont à toi !

L'artiste commence sa phrase
assis dos au public
sur le cube,
placé cette fois côté cour,
avant de se lever.

Oui, c'est Gaspard Gantzer. J'attends un appel du PR, vous me le basculez sur mon portable, je ne suis pas à mon bureau, là...
Gaspard Gantzer !... oui, le remplaçant d'Aquilino Morelle... voiiiiilà ! Merci, je compte sur vous... Ah, le standard de l'Élysée, c'est quelque chose !

L'artiste appuie sur le bouton de son oreillette.

Allô, ma gaufrette ?... Ça va ?... Bon, j'ai pas beaucoup de temps, j'attends un coup de fil de François. Tu sais qu'Angela est à Paris, demain ?

Oh, le programme classique… Un discours aux Invalides et un crochet par l'Arc de triomphe. Absolument, ma palourde. Le Soldat inconnu va se faire ranimer la flamme par Angela, le veinard… Enfin, si elle y arrive, parce que, à tous les coups, il va pleuvoir. Ah, ça y est, y m'appelle. J'en ai pas pour longtemps, je te reprends après.

L'artiste appuie à nouveau sur le bouton de son oreillette.

Oui, François…
Ben oui, je l'ai lu ton discours ; c'est moi qui l'ai écrit.
Attends, explique-toi, je ne comprends pas… Tu as peur que ce soit trop de gauche ?…
Le passage où je te fais citer Jacques Delors ? Ah ben, écoute… Non, je ne crois pas. C'est pas Fidel Castro non plus, Jacques Delors ! Les Allemands doivent être au courant.
Vas-y, lis-moi ce que tu as réécrit…
Non, François, je t'arrête tout de suite. Tu ne peux pas lui déclarer que c'est le plus beau jour

de ta carrière politique : tu l'as déjà dit aux Maliens, elle va mal le prendre ! À moins qu'elle t'offre un chameau... Hé, hé... Ça t'avait plu, ça. Tu aimes bien les chameaux...
Pourquoi tu dis ça ?...
Je n'ai pas parlé de Valérie. Enfin, je faisais allusion au petit dromadaire qu'ils t'avaient offert à Bamako et que tu avais l'air de bien apprécier...
Ah ben oui, mais non. Je ne me permettrais pas.
Au fait, tu l'as refourgué à qui ?...
Mais le dromadaire, bien sûr !
Au département poissons panés du groupe Findus ? Non, déconne pas avec ça, François !
Oui, oui. Et le paragraphe sur les minima sociaux que je t'ai rajouté, ça t'a...
Tout le paragraphe ? Mais, enfin, tu ne peux pas faire ça !
Bien sûr que non que tu ne vas pas passer pour un extrémiste de gauche parce que tu prononces le mot smic ! Angela, elle sait bien que ce sont ceux qui en parlent le plus qui l'augmentent le moins...

Mais… C'est absurde ! Si tu enlèves la référence à la Sécurité sociale, ça ne veut plus rien dire.
Les initiales de Sécurité sociale, ça fait SS ?
Les Allemands risquent de mal le prendre ?
François, ce n'est pas sérieux…
Ah, OK, on y vient… Ce qui te pose problème, c'est surtout que, dans Sécurité sociale, il y a « sociale ». Ce n'est pas une obscénité, non plus…
Si ?… D'accord.
Ah, parce que tu as également supprimé le paragraphe sur la retraite ? Tu as raison : il ne faut jamais parler de retraite devant des Allemands – ça les excite !
Enfin, tu fais comme tu le sens. C'est toi le patron.
Et, sinon, y aura qui d'autre à la tribune, à part Fabius ?
Seulement Manuel ?…
Trop marqué à gauche, Laurent Fabius ?! François ! Je croyais que tu avais arrêté les blagues !… Fabius, au maximum, il est à droite d'Alain Juppé et à gauche de Giscard dans la salle

d'attente de la clinique d'implants capillaires de Cahuzac.
Hein ? Une super-idée ?... Non... non, non, non, non, non ! Non, non, non, non... Tu ne peux pas faire ton discours en allemand !
Je sais que ça leur ferait plaisir, mais non ! Pas aux Invalides, François.
Tu te souviens quand même que nous avons eu quelques petits contentieux avec eux par le passé ?
Je sais bien qu'Angela n'y est pour rien... Manquerait plus que ça !
Hein ?
« Baisse ta gaine, Berthe, que j'tâte ta croupe » ? Mais bien sûr que non, ça ne va pas la faire rire, enfin ! C'est une blague qu'on faisait en onzième, ça, François. En plus, elle s'appelle pas Berthe, elle s'appelle Angela... « Baisse ta gaine, Angela, que j'tâte ta croupe », ça marche pas...
Faut vraiment que tu arrêtes avec les blagues. Surtout avec les femmes. Tu sais, il y en a qui

n'ont pas d'humour du tout, avec en prime un caractère de dogue.

Mais non, enfin. Je te parle de Merkel, pas de Valérie. Tu deviens parano.

Hein ?

« Liberté, égalité, fraternité » – trop de gauche ?

Il faut impérativement que tu cesses d'écouter Manuel. Tu le connais : il ne supporte pas d'être socialiste !

Non, François. Il n'est pas question de la supprimer : c'est la devise de la République depuis 1789.

Non, pas 1789 comme la comédie musicale. 1789 comme la Révolution française, nom de Dieu !

Et tu veux la remplacer par quoi ?... Pourquoi pas « Le travail rend libre » ?

Ça ferait plaisir aux Allemands, et ça aurait de la gueule, *Arbeit macht frei*, au fronton de la mairie de Vichy.

Comment ça, revenir au Deutsche Mark ?

Sur l'ensemble de la zone euro ?... François, tu vas trop loin !

Non, on ne peut pas demander à Renault et PSA de fabriquer des Mercedes !
Pourquoi pas des tractions avant avec une bouteille de gaz sur le toit, tant que t'y es ? Allons-y, lâchons-nous ! Dans la foulée, rendons-leur l'Alsace et la Lorraine !
...
Mais non, enfin, ce n'est pas une bonne idée !...
Ah, je veux que ça leur ferait plaisir ! Mais...
Je t'en prie, prends-le... Vas-y, vas-y ! Je m'en voudrais que môssieur Attali soit obligé de patienter à cause de moi...
Quoi ? Ah non, surtout pas !
C'est très bizarre comme idée, François... En plus, n'étant plus au gouvernement, il n'acceptera jamais... tu le connais...
Surtout, tu me rappelles avant de faire la moindre annonce à la presse !
François, je suis sérieux !
OK, ça va... Je lui dis... Embrasse aussi Valé... Enfin, non... Juuuli... Euh, Ségolè... ?
Rappelle-moi !

L'artiste appuie sur le bouton du téléphone.

– Allô, ma lasagne ? Oui, ça y'est, j'ai terminé. Je suis inquiet pour demain, tu sais… Je le trouve de plus en plus complaisant avec les Allemands. Il veut faire un geste symbolique… Avec Angela, oui. Il veut lui faire descendre les Champs-Élysées.
Je sais qu'elle l'a déjà fait… mais jamais sur les épaules d'Arnaud Montebourg !

NOIR SEC SALLE

Couplet de la chanson pétainiste détourné par l'artiste

Allez, mon Dieu, ne prenez pas de gants !
Défoncez-les, tous ces israélites,
Écrabouillez tous les mahométans,
Et terminez, avec les sodomites…

Dieu qui êtes immense, ô Dieu vengeur,
Pétez, pétez la gueule, à tous ces p'tits pédés
Pétez, pétez la…

Voix de l'artiste :

Hé, ho ! Ça va pas la tête ! Je veux bien être devenu de droite mais de là à confier la bande-son de mon spectacle aux petits chanteurs à la croix gammée, y a de la marge…

Voix off du coach :

… je suis désolé, ce n'était pas prévu comme ça… allez ouste… Barrez-vous, bande de déglingos !… excuse-moi, mais là, ils ont improvisé… allez, on se déconcentre pas, c'est à toi…

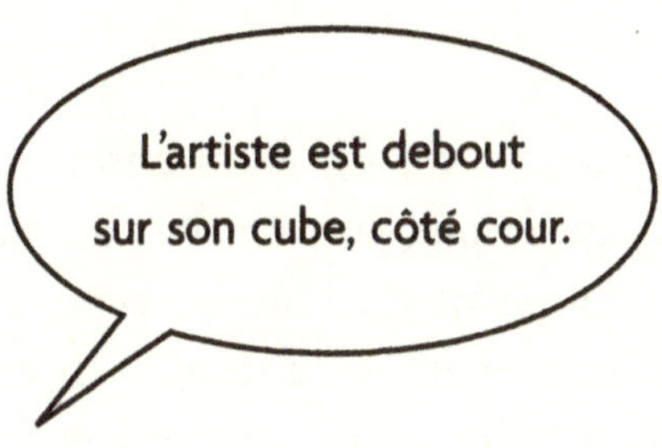

Pardonnez-moi, je me suis montré injuste envers vous.
Vous n'êtes pas QUE paresseux et improductifs.
Vous êtes également vicieux.
Des pervers polymorphes et des soixante-huitards dégénérés, qui ne pensent qu'à jouir sans entraves et s'interdisent de s'interdire quoi que ce soit, y compris de laisser libre cours à leurs instincts les plus bestiaux en s'adonnant sans aucune limite à une sexualité débridée, désormais déconnectée de sa vocation procréative, et pouvant déboucher sur les pratiques aussi répugnantes et contre nature que sont l'accouplement sodomite et, encore pire, la masturbation intellectuelle.
Ah, elle a fière allure la famille française revue et corrigée par vous, les baby-boomeurs !

Nous avons désormais le choix entre : un papa, une maman, et plusieurs copains du papa. Ou alors : deux mamans et une paillette congelée. Ou alors : un papa et une maman avec une grosse moustache et une casquette en cuir. Ou alors : un papa et une maman les jours pairs, et l'inverse les jours impairs. Ou alors : deux papas et une maman en CDD de neuf mois. Ou alors, mais uniquement pour les admirateurs du vicomte de Villiers : un papa, une maman, plus un grand frère.
Bref, c'est le bordel !
Le mariage pour tous ? Tu parles !
Le mariage partouze, oui ! Bande de mécréants, suppôts de Satan, musulmans !

NOIR SEC SALLE

Ah, là, je crois que tu la tiens bien, la droite attitude !
Si tu sens que tu doutes, tu te répètes intérieurement la phrase qu'on a choisie ensemble :
« Vive Jean Roucas, j'emmerde Guy Bedos ! »
Chaque répétition devant être ponctuée par une vigoureuse contraction du périnée.
Tu te souviens de ça ?
Allez, petit !
Comme on dit dans ta nouvelle famille : tu te mets une pile, et tu finis le job !
Go !

L'artiste est aussi
à la gauche de la table
positionnée au centre du plateau.
Il parle au téléphone fixe
posé dessus.

Allô ?... Le service de presse, s'il vous plaît. Merci. Allô, bonjour, je m'appelle Didier Porte. Je suis auteur et je voudrais contacter Anne-Claire Coudray, la remplaçante de Claire Chazal, pour lui parler d'un projet d'émission de télévision caritative dont j'ai eu l'idée et que j'aimerais bien lui soumettre...

...

En fait, il s'agit d'un Téléthon pour sauver la classe ouvrière...

Vous comprenez, dans ce pays, il paraît qu'il n'y a quasiment plus d'ouvriers. C'est un peu dommage...

…

Oui, un « Prolothon », absolument…

Un Téléthon de gauche, tout à fait ! Avec des ouvriers à la place des handicapés. Et les patrons téléphoneraient pour faire des promesses d'augmentation…

Et j'ai pensé à Anne-Claire Coudray pour l'animer, parce qu'elle est quand même très proche du peuple, comme Claire Chazal, d'ailleurs, et…

Qui je suis ?… Eh bien, je viens de vous le dire : je m'appelle Didier Porte, et je…

…

Attendez, attendez – je suis un très bon ami d'Arthur ! On est allé au lycée ensemble… Mais lui est pas entré…

Absolument, oui. Le chef du service de presse ? Passez-le-moi. Comment s'appelle-t-il ? Jean-Philippe Ambiel ? Vous voulez dire que c'est le frère de Dominique ?! L'ancien directeur de la communication de Raffarin ? Celui qui traînait, la nuit, sur les Maréchaux. Et son frère travaille sur TF1 ?…

Remarquez, c'est pratique : lui au moins, il n'a pas besoin d'aller aux putes... Il y est déjà !... Je blague, je blague ! Passez-le-moi...

...

Monsieur Jean-Philippe Ambiel ? Bonjour, je... Vous savez, je connais très bien votre frère Dominique ! C'est un ami. Oui, oui... On se croise très souvent ! Je vous en prie, vous êtes gentil ! Que je vous appelle Jean-Phil ?... Ma foi, si vous y tenez...

Voilà, je vous explique, cher Jean-Phil. Je m'appelle Didier Porte, je suis auteur, journaliste, et je voudrais joindre Anne-Claire... Vous ne me remettez pas ?

Encore heureux, cher Jean-Phil ! Ha-ha-ha...

Pardon ? Si on s'est croisés à Roland ? Heu... ah, « Garros » !... Ah oui, c'est possible... Il m'est arrivé de... Dans la loge de Claude Lelouch ? Ah non, ce n'était pas moi. Remarquez, ça doit être rassurant de se retrouver à Roland-Garros avec Lelouch ; au moins, on est sûr que pendant ce temps il ne tourne pas ! Vous connaissez le slogan ? « Le nouveau Lelouch ? Un film à ne pas rater – son auteur s'en est déjà chargé ! » Oui, je sais, c'est cruel… Non, en fait, comme je vous le disais, mon cher Jean-Tube… Jean-Phil, pardon !… Le plus simple, ça serait que vous me donniez le numéro de ligne directe d'Anne-Claire, comme ça je l'appelle, je lui explique mon projet et…

…

Ah ? Il faut passer par la direction générale ?… Bien, OK, je patiente.

L'artiste pose le combiné à côté du poste fixe, puis s'adresse au public.

Sacré Jean-Phil ! Il a dû me confondre avec l'ancien tennisman Pascal Portes. C'est quand même un drôle de sport, le tennis ; j'irais pas jusqu'à dire que c'est un sport de feignant, mais bon… Le plus révélateur, c'est le principe des ramasseurs de balles… Ce sont des petits enfants dressés spécialement pour ramasser les balles sur les cours, et qui tombent comme des mouches sous le soleil de plomb de Roland-Garros. C'est un système qui n'existe que dans le tennis. Par exemple, moi qui fais du ski et qui me casse assez souvent la binette, je conçois difficilement qu'à chaque gamelle deux petits cons en short surgissent de derrière les sapins pour me ramasser. Simple question d'amour-propre...

En voix off, une femme dit : « Allô ? » L'artiste se saisit du combiné et appuie sur un bouton.

Bonjour, je voudrais parler au nouveau directeur général, s'il vous plaît... C'est ça, monsieur Gilles Pélisson, le remplaçant de Nonce Paolini. Je m'appelle Didier Porte, et je... Comment ça, qui je suis ? J'appelle de la part de Nikos Aliagas ! C'est un ami personnel... Merci...

L'artiste s'adresse au public, avec un petit air content de lui.

Bon, d'accord, ami personnel, c'est peut-être un peu excessif, je l'ai rencontré une fois... Il y a quelques années, lors d'un voyage en Grèce, avec France Inter. C'est incroyable comme il est populaire, là-bas... À Athènes, Nikos, c'est un dieu vivant. Ça doit être à cause du titre de son émission en France : « 50 minutes inside »... Chez les Grecs, c'est le genre de promesse qui ne laisse pas indifférent....

Voix off masculine qui dit : « Allô ? » L'artiste se saisit du combiné, appuie sur un bouton et se met à parler à toute vitesse.

Allô, monsieur Pélisson ? Didier Porte, auteur, journaliste à l'appareil. Je voulais pas vous déranger... Je cherche simplement à joindre Anne-Claire Coudray pour lui parler d'un projet d'émission dont j'ai eu l'idée.

...

Oh non, je ne crois pas que ça puisse vous intéresser, à TF1. C'est un projet assez austère, plutôt « service public »...

...

Que je vous explique ? Vous êtes sûr ? Alors voilà : il s'agit d'un Téléthon pour sauver la classe ouvrière et mon idée, ça serait de...

…

La classe ouvrière ! Mais si, enfin ! Vous savez, ce sont ces gens pas très bien habillés, avec des casques orange et qui sentent un peu fort…

…

Ah non, ça, ce sont les livreurs de Pizza Hut ! Bref, l'idée, c'est que si on s'en tient à la théorie de Marx et d'Engels, qui m'a inspiré sur ce projet, je peux bien vous l'avouer…

…

Marx et Engels ?… Ah !… comment vous dire ?… c'était une sorte de tandem !… un peu comme Bataille et Fontaine, mais sans boîte de prod et avec plus de barbe. Voilà… Et, selon Marx, c'est la lutte des classes qui donne son sens à l'Histoire. Donc…

…

La lutte des classes ? Comment vous expliquer ? C'est… Oui, « Intervilles », y a de ça, c'est bien vu ! Vous comprenez, pour Marx, il n'y a que la classe ouvrière qui puisse produire de la richesse et…

…

Hein ?

…

Jean-Pierre Foucault aussi ? Certes, mais…

…

Ça vaudrait la peine de les faire se rencontrer ? Euh… ça me semble difficile…

…

Non, je n'ai pas le numéro de portable de Marx. Je ne risque pas, monsieur Pélisson, il est mort. Comme Sabatier, oui. Encore mieux, même.

Vous voyez, à mon sens, on a trop négligé ce qu'il y avait de meilleur dans la théorie de Marx – à savoir l'égalitarisme…

…

C'est dérivé du mot « égalité » !

…

Bien, par exemple de faire en sorte qu'une société ne produise pas plus de pauvres au fur et à mesure qu'elle s'enrichit…

…

Les pauvres ?

...

Ah, non, m'sieur Pélisson ! Les pauvres, ce ne sont pas les gens qui roulent en Twingo !... En général, les pauvres n'ont pas de Twingo!

...

Ils ont bien raison ?!... oui, mais bon...

...

Comment ça, du champagne et des canapés au foie gras aux Restos du cœur ?...

C'est Jean-Marc Sylvestre qui vous a raconté ça ?

...

D'accord, j'ai compris... Vous confondez avec la *soirée* des Restos du cœur que vous organisez sur TF1 !... C'est pas la même chose.

...

Il y avait aussi des pauvres ?

...

En smoking ?

Attendez, monsieur Pélisson, ça, c'était des serveurs, des garçons de salle ! Tous les pauvres ne portent pas de smoking !

...

Ils feraient mieux ?... sûrement, mais bon...

Je récapitule : mon idée, c'est de faire une émission *vraiment* citoyenne, qui remette en perspective la question du progrès social, et...

...

C'est « progrès » ou « social », que vous ne comprenez pas ?

...

Les deux ?... Bien, comment vous expliquer... Le progrès technique, c'est quand votre téléviseur s'allume automatiquement sur TF1... et le progrès social, c'est quand votre téléviseur s'allume sur TF1 et qu'il tombe automatiquement en panne !

Rire difficile à contenir de l'artiste... Le rire laisse place à la gravité et la compassion.

Mais non, je plaisantais, monsieur Pélisson. C'était une blague !

...

Ah ben non, vous n'allez quand même pas pleurer…
Je vous promets, je ne voulais pas…
…
Mais bien sûr que vous avez fait de gros efforts, à TF1, ces dernières années !…
…
« La Ferme Célébrités » ? Bien sûr que je m'en souviens…
…
Vous luttiez contre l'exode rural, à votre manière ? Absolument !
Mais vous comprenez, ce projet, moi, je l'ai écrit pour une chaîne publique, style France 5, ou Arte…
Je voulais juste que vous en glissiez un mot à Anne-Claire Coudray…
Vous allez lui en parler, hein ? C'est juré ?
Bien. Mais oui, allez, c'est fini ! Mouchez-vous.
…
Oui, c'est ça, gros bisous moi aussi…

L'artiste raccroche le combiné et s'adresse au public.

Le problème, avec les dirigeants de TF1… c'est qu'ils sont trop sensibles !

NOIR SALLE

L'artiste entre sur le plateau
sur la musique des jeunes UMP,
période Sarkozy :
« Pour ceux qui veulent
changer le monnnnnde ! »

Ça y est, il est de retour, le candidat Bling Bling ! Sauf que, cette fois, ce n'est pas le bruit des Rolex, c'est celui des casseroles.
Vous l'avez entendu, au 20 heures de France 2 ?
« Mais enfin, monsieur Delahousse ! Vous voulez bien me prêter deux neurones dans ma tête ? Vous croyez que si j'avais quelque chose à me reprocher je reviendrais ? »
Ben oui ! C'est précisément à ça que ça sert, l'immunité présidentielle… Tu parles d'un argument.

Heureusement qu'à droite il y a du sang neuf. Un vrai candidat alternatif, le petit jeune qui monte... Et qui est un sacré déconneur ! Comment s'appelle-t-il ? Ah oui : Alain Juppé. L'étoile montante du renouveau de l'UMP.
Le pauvre ! Vous avez vu à Bordeaux, comme il s'est fait siffler par les sbires de Sarkozy ? Quelle teigne, celui-là...
Dans son dernier bouquin, Frédéric Mitterrand explique que, si Sarkozy est comme il est, c'est parce qu'il a manqué cruellement d'amour maternel. Il faut se mettre à sa place, à cette pauvre femme. Ben oui, l'amour maternel, ça se mérite un minimum. Quand le gamin est odieux, il est odieux, on insiste pas.
Vous savez comment Sarkozy a surnommé Hollande, dans ses meetings ? « Moi, je » ! Sarkozy a le culot de reprocher son narcissisme à François Hollande ! Alors que lui-même est un nombril monté sur talonnettes ! Vous allez voir que bientôt il va se moquer de Hollande parce qu'il est petit, et qu'il a une femme actrice, trop belle pour lui !

À propos de beauté, je dois confesser une petite faiblesse pour Nathalie Kosciusko-Morizet... Fine, racée, élégante... J'aime beaucoup ! En plus, elle a fait une campagne municipale géniale à Paris... Vous avez vu sa photo avec ses copains sans-abri ? Celle où on la voit tirer sur sa Chesterfield comme si c'était un vieux mégot de Gitane maïs ramassé dans le caniveau ?... Marie-Chantal et les clochards ! Personne ne lui a expliqué que ses nouveaux amis, ils ne votaient pas ?... Enfin, pas de leur vivant ! À Paris, la tradition veut que les SDF soient inscrits sur les listes électorales uniquement après leur décès. Et exclusivement dans le Ve arrondissement.

Pour en revenir à Sarko, il a quand même beaucoup d'affaires en cours, ce brave garçon... Personnellement, j'ai un petit faible pour l'affaire Buisson. À cette occasion, on s'est rendu compte que le principal conseiller de Sarkozy, celui qui a littéralement inspiré sa politique pendant une bonne moitié de son mandat, l'enregistrait en douce comme un vulgaire majordome de milliardaire sénile. Après ça, on a appris que Sarko était également écouté par les juges… Ils sont bien complémentaires, avec Carlita, quand même : y en a un que tout le monde écoute quand il parle, et l'autre que personne n'entend quand elle chante.

Dans l'affaire Buisson, j'ai quand même été un peu déçu par les extraits publiés dans la presse. Parce que, s'il faut se fader des centaines d'heures d'enregistrements clandestins pour apprendre que, je cite, « Roselyne Bachelot ne raconte que des conneries », ça ne vaut pas le coup. En dix minutes sur D8, on avait l'information.

Ce qui est certain, c'est que si Sarko maintient sa candidature pour 2017 les oreilles des musulmans de France vont siffler… Même avant les attentats, c'était violent pour eux…

Par exemple, le coup de vouloir supprimer les menus de substitution dans les cantines scolaires… Quel beau message rassembleur adressé aux cinq millions de citoyens français de culture musulmane : « On vous emmerde ! » Bon appétit à tous les petits Mouloud de France : non seulement on vous mettra du cochon de lait à tous les repas, mais on planquera des hosties consacrées dans la semoule du couscous, on vous servira du thé à la menthe à l'eau bénite et on vous flambera les pastillas à la chartreuse ! Santé, bonheur et *Alléluia akbar !*

Pendant la campagne des régionales, quand j'écoutais Sarko, Marine Le Pen me faisait presque penser à Simone Veil.

Attention, tout ce qu'il disait, c'était pour la bonne cause : c'était pour siphonner les voix du FN. Ça a été efficace. Le risque, c'est que quand on veut en siphonner trop d'un seul coup, le siphon se bouche, et ce sont les idées qui remontent à la surface. Et ça pue… L'UMP… pardon… Les Républicains sont devenus le Sanibroyeur de la République.

Et Jean-François Copé, vous avez des nouvelles ? Vous savez de quoi il vit en ce moment ? Oh, le pauvre... On aurait peut-être dû organiser un Copéthon ? J'en propose pas un pour Mariton – ça ferait un « Maritonthon », c'est pas jouable. L'avantage, avec la droite française, c'est son côté décomplexée dans le ridicule... Souvenez-vous l'élection à la présidence de l'UMP...

Ça avait commencé avec la Cocoe, qui nous avait bien fait rire. Ensuite, il y a eu la Commission nationale des recours, la CO-NA-REU. Et voilà qu'on apprenait que François Fillon allait créer le Rassemblement UMP, le RUMP. En anglais *rump* signifie « croupion » ou « postérieur »... Je vous laisse deviner les fines plaisanteries que cela a suscité dans le Landerneau. Rump, le nom idéal pour qualifier un groupe de trous du cul dirigé par un type qui s'appelle Fillon, et dont l'essentiel de la philosophie se résume désormais en une phrase : « Parle à mon cul, ma tête est malade ! »

Je me souviens, sur Twitter, pendant la campagne pour la présidence de l'UMP, il y a trois ans, il y avait un compte intitulé : « Les jeunes avec Copé ». Vous vous rendez compte ? Les jeunes avec Copé ! Quelle horreur ! En voyant ça, je m'étais dit : si j'apprends que mon fils a adhéré à ce machin, je planque un bout de shit dans son cartable et je le balance aux flics !

Si les jeunes adoraient Jean-François Copé, c'était normal. C'est quand même lui qui a eu le courage de dénoncer le kidnapping massif de leurs pains au chocolat par Al-Qaïda Seine-Saint-Denis. Rendons justice à titre posthume à Jean-François Copé. Malgré les nombreuses déclarations décomplexées qu'il a proférées depuis, il n'a jamais cru bon de relancer le débat sur la viande halal qu'on nous ferait manger à l'insu de notre plein gré.

C'était ridicule... Personnellement, il m'est arrivé très souvent de déjeuner halal ou casher, et je ne suis jamais tombé malade. Alors que j'ai entendu parler de petits enfants de chœur irlandais qui avaient mangé catholique et qui ont eu du mal à s'en remettre. Depuis, les pauvres n'arrivent plus à rien avaler.

En général, les cathos adorent ce passage de mon spectacle… Ça leur fait penser à du monseigneur Barbarin bourré. Mais si, Barbarin : c'est cet archevêque qui est persuadé que le mariage homo va déboucher sur la polygamie et l'inceste généralisés ! Parmi les perversions qu'encourage le mariage gay, je constate que monseigneur Barbarin n'a pas signalé la pédophilie… Un oubli involontaire, sûrement.
Ou, alors, il n'est pas au courant que ça existe ?… C'est possible. Je ne suis pas certain que ce soit une matière qui figure au programme des études d'archevêque.
La pédophilie, pour les archevêques, c'est un peu comme le trucage de paris pour les handballeurs et la prose pour monsieur Jourdain : on en fait sans le savoir.

Vous noterez que, s'il m'arrive de me moquer de ses représentants ici-bas, je ne m'en prends jamais au Très-Haut sous ses différentes déclinaisons. Jamais de blasphème dans ma bouche, bordel de Dieu !

J'ajoute que je suis complètement d'accord avec l'Organisation de la coopération islamique, qui regroupe cinquante-sept États, et qui a annoncé qu'elle allait relancer ses efforts visant à inscrire le blasphème parmi les crimes et délits reconnus en droit international, comme au Pakistan, où il est passible de la peine de mort. Très bonne idée !

Je suis également favorable au rétablissement du supplice de la roue et de l'écartèlement pour ceux qui ont cloué un hibou sur la porte d'entrée de la chaumière de leur voisin, ainsi que du pilori pour les ménestrels qui ont fait une fausse note en jouant une gavotte un soir de charivari. Je préconise le remplacement de l'impôt sur le revenu par la taille et la gabelle, et le passage au bûcher de toutes les femelles qui parlent en dormant pendant leurs menstrues, signe incontestable qu'elles sont possédées par Belzébuth ou l'un de ses représentants à queue fourchue… Amen !

Pardon, je m'emporte… J'ai trop fréquenté les Manifs pour tous ces dernières années.

C'était super.

Au début, je n'ai pas trop compris ce qui se passait. En voyant les gens défiler, je me suis dit : « C'est merveilleux, ces dizaines de milliers de catholiques qui manifestent en faveur de la réquisition des logements vides pour les pauvres ! » Ben non – c'était pas pour les pauvres.

Je me souviens, pour la première, ils avaient revendiqué huit cent mille participants. Ayant aperçu Jean-François Copé en tête du cortège, je pense qu'un recomptage n'aurait pas été superflu…

Et Christine Boutin qui appelait à la guerre civile… La Che Guevara des culs-bénits ! La future Sainte Patronne des employés du gaz.

Vous l'aviez vue, le regard chaviré, affalée sur son escalier après avoir respiré une petite giclée de gaz lacrymogène ? Christine Boutin debout, c'est déjà inquiétant en soi, mais alors allongée, ça fout carrément les jetons. Elle a du mérite d'être aussi croyante. Quand on la regarde, on se dit que l'amour pour le Seigneur n'est pas toujours réciproque.

Cela dit, je comprends que Christine et ses amis soient inquiets pour nos enfants. L'école publique sous les socialistes, c'est devenu terrifiant.

Je peux en parler, parce que c'est moi qui gère le lever de mes deux petits derniers, Virgile et Stella, qui sont tous les deux à la maternelle. Et c'est l'enfer, croyez-moi.

Ce matin, Virgile a encore mis une demi-heure pour choisir sa robe – celle de Cendrillon, en l'occurrence. Du coup, il voulait des escarpins en verre, et il a fallu que je lui explique que c'était pas le même verre.

Stella tenait absolument à mettre le costume de Robocop qu'elle a eu pour son anniversaire.

Je lui ai dit non. « En plus, il est super-difficile à retirer, et tu sais bien que ce matin tu as cours de masturbation collective avec madame Zemmour… »

Oui, l'épouse d'Éric Zemmour travaille à la maternelle où sont mes enfants.

Virgile ne retrouvait plus son vagin en peluche, on l'a cherché partout, jusqu'à ce qu'il se souvienne que, de toute façon, le jeudi matin, il en avait pas besoin puisque toute sa classe allait au gymnase pour l'initiation au fist-fucking. Ça reste complètement théorique, je vous rassure ! C'est juste pour qu'ils puissent faire leurs propres choix à leur entrée en CP.

Résultat : on est arrivés à la bourre et on s'est fait engueuler par la directrice de l'école, Rodrigo, qui nous a accueillis en guêpière, porte-jarretelles et slip kangourou, vu qu'elle arrivait tout droit du bois de Boulogne, et qu'il n'avait pas eu le temps de se changer.

Ah, l'école publique, ce n'est pas une sinécure…

Les cathos, en ce moment, je les trouve un peu déphasés, à côté de leurs pompes…
À cet égard, j'ai trouvé la démission de Benoît XVI très symptomatique. « Ouais, j'ai un petit coup de barre, je me sens un peu mou du goupillon, allez, *ciao*, je me casse, à la revoyure ! » Encore une preuve, s'il en était besoin, que le modèle allemand est loin d'être aussi fiable qu'on veut bien le dire…

Je vous avoue que j'ai aussi un peu de mal avec les nouveaux mouvements sociaux.
Par exemple, les Bretons avec leurs bonnets rouges, j'ai toujours pas compris. C'est des religieux, eux aussi ? Ils réclament quoi ? La béatification du commandant Cousteau ?
Et je ne vous parle pas des quenellistes ! Là, la politique devient beaucoup trop pointue pour moi. Je manque de repères… J'ai cru comprendre que la quenelle serait une sorte de salut nazi qui ne s'assume pas. Un salut nazi demi-mou… Centriste, en quelque sorte.

Et il y a même un député socialiste qui veut faire une loi pour l'interdire. J'ai entendu dire que deux collégiens ont été exclus de leur établissement pour en avoir fait une. C'est ça, les gamins : tu leur donnes ça, et eux, ils prennent ça. Oh flûte !

Vous avez du mal à vous faire une religion sur le cas Dieudonné ? J'ai la solution : allez visionner sur Internet la vidéo de l'interview qu'il a donnée à la TV iranienne il y a quelques années, vous serez pas déçus. Avec Dieudo, le Hezbollah a trouvé son Popeck !

Et est-ce que vous avez vu les derniers sondages ? Les électeurs de droite attendent avec impatience le retour de Nicolas Sarkozy... Les humoristes de gauche également, je peux bien vous l'avouer !

Ah, c'était le bon temps... Mais comment il s'est débrouillé pour perdre cette élection, merde !

Le programme et les idées étaient là. C'est au niveau du comité de soutien que ça a coincé. Le moins qu'on puisse dire, c'est que, cette fois, les « people » ne se sont pas bousculés au portillon de l'UMP.

Pour soutenir Sarko, la dernière fois, il ne restait guère que Barbelivien. Un jour, je crois que c'était chez Drucker, Didier Barbelivien a déclaré à propos de son ami Sarkozy : « Si Nicolas était boulanger, j'achèterais mon pain chez lui tous les matins. » Pour une fois, je me suis senti complètement en phase avec Barbelivien. C'est vrai que si Sarkozy avait été boulanger, pour m'assurer qu'il le reste, j'aurais été disposé à lui acheter du pain trois fois par jour !

Ah si, quand même, j'allais l'oublier : pour sa campagne, Sarko a bénéficié néanmoins d'un soutien « people » de poids : Gérard Depardieu. Quand il était encore français.

Il était au grand meeting de Villepinte, souvenez-vous. Ils l'avaient assis juste à côté de Bernadette Chirac. En les voyant serrés l'un contre l'autre, Gégé et Bernie, je n'ai pas pu m'empêcher de repenser à cette réplique culte des *Valseuses*, de

Bertrand Blier. Quand Depardieu dit à Dewaere et Miou-Miou : « On est pas bien, là ?... Peinards... à la fraîche... décontractés du gland. » Effectivement, quand tu as la chance d'être à ce point proche de Bernadette Chirac, la décontraction du gland ne doit pas constituer un état trop difficile à atteindre.
Depardieu, citoyen russe ! Quelle farce pathétique. Ma seule consolation, c'est de me dire qu'un jour où il sera un peu plus pété que d'habitude le gros Gégé appellera Poutine « ma couille » – et ça... c'est pas conseillé du tout !

Je comprends d'autant moins qu'il ait perdu cette élection, Sarko, qu'il disposait d'une arme fatale : la divine Carlita. C'est vrai qu'elle était très forte.
Souvenez-vous : ils se sont mariés au début du mois de février 2008. Les préliminaires ayant eu lieu fin décembre à Disneyland Paris, ça signifie qu'il aura fallu moins de six semaines à mademoiselle Bruni pour décrocher la queue

du Mickey. Bravo ! Chapeau bas ! Je m'incline. Elle aussi, d'ailleurs, depuis.

Je plaisante, mais je la trouve charmante, moi, Carla. Peut-être à peine un poil allumeuse...

La fois où elle est venue au Fou du roi, j'avais pas compris qu'elle était en minijupe : j'ai cru qu'elle portait une minerve.

Dans une des chansons de son précédent album, elle écrivait : « Je suis une enfant, malgré mes quarante ans et mes trente amants. » Au moins, elle ne mentait pas sur son âge.

Récemment, elle a fait une déclaration dans la presse que j'ai adorée : « Je ne suis pas forcément quelqu'un de très sociable. J'ai toujours vécu comme une ermite ? » Hu ! Comme diraient mes amis Mick Jagger, Eric Clapton, Louis Bertignac, Laurent Fabius, Arno Klarsfeld, Vincent Pérez, Charles Berling, etc. : « On a connu des ermites dont la grotte était moins fréquentée ! »

Du coup, ça m'a donné une idée de surnom pour notre couple présidentiel : l'anachorète et l'analphabète.

Quand je pense qu'après dix années de sarkozysme on risque d'en reprendre pour cinq ans, ça me fait rigoler, mais ça me déprime aussi profondément… Je suis aussi déprimé qu'un neurone qui aurait vu le jour par erreur dans la boîte crânienne de Nadine Morano et qui réaliserait qu'il va passer le reste de sa vie tout seul !

NOIR SALLE

Mes amis, comme vous le savez, depuis deux ans, nous sommes confrontés à un problème sémantique considérable, puisque Marine Le Pen a annoncé qu'elle poursuivrait devant les tribunaux toute personne qui qualifierait publiquement le Front national de parti d'extrême droite, ce qu'elle estime diffamatoire et injurieux.

Rien que ça, c'est déjà une bonne nouvelle. Je veux dire : que Marine Le Pen considère que le qualificatif d'extrême droite est injurieux.

Ce louable début de prise de conscience mérite assurément qu'on l'encourage, en évitant, autant que possible, de heurter la sensibilité naissante de Marine au caractère infamant que recouvre un tel positionnement sur l'échiquier politique.

En conséquence de quoi, depuis l'an dernier, je m'interdis en toute circonstance – et je vous encourage à faire de même – d'affliger le Front national de cette dégradante étiquette.

« Tu es bien gentil, mon cher Didier, vous entends-je m'interpeller affectueusement du fond de votre fauteuil, mais si on ne peut pas dire que c'est un parti d'extrême droite, comment peut-on le qualifier ? À quels adjectifs avons-nous droit pour ne pas risquer de faire de peine à la délicieuse Marine ? »

Je vous répondrai que nous avons l'embarras du choix, compte tenu de la grande diversité d'influences dont a bénéficié le Front national depuis sa création en 1972.

Une création que l'on doit notamment aux dirigeants du mouvement Ordre nouveau, qui se réclamait haut et fort du MSI italien regroupant les nostalgiques de Mussolini. D'ailleurs le logo tricolore du FN est la copie conforme de celui du MSI, avec du bleu à la place du vert. Mussolini étant l'inventeur du fascisme, on peut en déduire que le Front national est de filiation fasciste.

« Oui, mais attention, n'allez-vous pas manquer de me signaler, parmi les fondateurs du FN, il y avait aussi d'ancien membres du Parti franciste et de la division Charlemagne de la Waffen SS ? »

Vous avez tout à fait raison ! C'est pourquoi on peut dire aussi que le FN a aussi été créé par des collabos.

« Et les anciens de l'OAS, allez-vous vous empresser d'ajouter pour essayer de m'embarrasser, eux aussi, ils étaient de la fête… »

J'allais justement vous en parler ! C'est précisément la raison pour laquelle on peut dire également que le FN est un parti ayant accueilli des factieux, des terroristes et des assassins de femmes et d'enfants innocents.

En revanche, même après avoir rappelé la mort en 1978 dans un attentat à la voiture piégée du numéro deux du FN François Duprat, fortement suspecté d'avoir était l'informateur de la DST, il serait abusif de déclarer que le FN est un parti d'indics. On n'a pas les preuves... Même chose à propos du rôle exact du sous-lieutenant Le Pen dans la fameuse villa des Roses à Alger.

On n'est pas certain qu'il ait lui-même actionné la manivelle de la gégène, donc on s'abstiendra de qualifier le Front national de parti de tortionnaires.

Par contre, on n'a aucun doute sur la manière dont s'y est pris Jean-Marie Le Pen pour devenir multimillionnaire propriétaire d'un château à Saint-Cloud et roulant en Rolls : grâce à des héritages de sympathisants séniles, principalement le malheureux héritier des ciments Lambert, au chevet duquel le très compatissant Jean-Marie manda sa très blonde épouse de l'époque et future playmate du magazine *Playboy* pour qu'elle l'assiste de ses soins attentifs dans son agonie, mais surtout pas dans la rédaction de son testament.

Moyennant quoi, on peut affirmer sans risquer de se tromper que le FN a aussi été un parti de maquereaux.

Après avoir rappelé la mort de ce gamin comorien de dix-huit ans, abattu d'une balle dans le dos par un colleur d'affiches du Front, ou le meurtre de ce Marocain jeté dans la Seine par des skinheads sortant de la manif annuelle des lepénistes à la gloire de Jeanne d'Arc, je serais tenté d'en conclure que le FN est un parti d'assassins, mais j'en ai déjà parlé à propos de l'OAS donc je ne vais pas me répéter, ce serait déplacé.

Je m'en voudrais, en revanche, de ne pas évoquer cette anecdote narrée par le *Canard enchaîné*. Nous sommes le 20 février 2003, les forces de l'ordre sont appelées pour réprimer un tapage nocturne dans le XVIe arrondissement, chez le dénommé Frédéric Chatillon, ancien leader du GUD.

C'est Marine Le Pen, passablement gaie, qui ouvre la porte à la force publique, et aussitôt s'emporte. S'ensuivent force cris et bousculade, et, selon la police, les agents avaient été gratifiés d'un : « Trous du cul ! Vous nous faites chier. Il est plus facile de s'en prendre à de bons Français qu'aux bougnoules ! » Fin de citation.
Une citation qui pourrait donc nous autoriser à désigner le FN comme un parti d'ivrognes, qui plus est racistes.
Ah oui, j'allais oublier : en janvier 2012, en pleine campagne présidentielle, Marine a été signalée en train de danser une valse à Vienne avec des membres d'une association dont les statuts prévoient explicitement qu'elle n'est pas accessible aux juifs.
Les juifs ? Ça ne vous dit rien ?... Mais si, enfin ! Durafour crématoire ! Le détail de l'histoire !
Donc, vous pouvez rajouter : antisémite.

Voilà, je pense qu'on a bien fait le tour de ce casse-tête sémantique.

Et démontré qu'on peut très bien s'abstenir de s'exposer à un procès de Marine Le Pen, sans risquer pour autant de tomber en panne d'adjectifs dotés d'un réel pouvoir descriptif.
Alors, n'oubliez pas : on peut utiliser les termes fascistes, collabos, terroristes, assassins, éventuellement aussi indics et tortionnaires – mais on n'a pas les preuves –, maquereaux, racketteurs de petits vieux, ivrognes racistes, antisémites. Mais certainement pas extrême droite ! Ah ben non !!!

Musique de fin de spectacle : l'hymne national russe, version stalinienne.

NOIR SALLE

Bonus

Quelques sketches extraits d'un autre spectacle : « Didier Porte fait rire les masses »

Mon fils est centriste !
C'est un drame intime, une tragédie personnelle, un traumatisme familial que je ne souhaite à personne, même à mon pire ennemi : mon fils est centriste !
Il nous l'a annoncé le jour de l'anniversaire de ses dix-huit ans... J'aurais dû me douter de quelque chose... Vous savez ce qu'il avait demandé, comme cadeau ? Un limiteur de vitesse pour son scooter ! Qu'il s'est acheté avec l'argent que lui rapporte son job d'étudiant... Modérateur sur le site Internet du *Pèlerin Magazine*.
Vous vous rendez compte ? Centriste à dix-huit ans ! Pauv' gamin.

Et attention, pas n'importe quel centriste... Par exemple, le MoDem, ça ne l'a jamais tenté. Trop radical... Je lui ai demandé ce qu'il pensait de François Bayrou. Et il m'a répondu : « Tout ce qui est excessif est insignifiant. » Pfut !

Non, il a pris sa carte au Nouveau Centre. En dépit de quelques réticences vis-à-vis de Jean-Louis Borloo, dont le relâchement vestimentaire et capillaire le choque.

En fait, son modèle, à mon fils, celui qui a déclenché sa vocation, c'est Jean Lecanuet. Du coup, parmi les grands contemporains, on voit bien que c'est clairement Pierre Méhaignerie qui le galvanise... Beaucoup plus qu'un Hervé Morin ou qu'un Maurice Leroy, qu'il apprécie, mais qu'il considère un peu comme des chiens fous. Des sortes d'activistes... Il les trouve beaucoup trop rentre-dedans. Pas suffisamment hésitants...

Non, non, c'est vraiment la figure de Lecanuet qui a structuré son engagement. Même s'il a

également beaucoup de considération pour la carrière d'Alain Poher ou l'œuvre de Raymond Barre.
Vous savez ce qu'il a osé me sortir ?
« Moi aussi, papa, j'ai eu comme toi ma période gauchiste. Je ne jurais que par Jacques Barrot ou Bernard Stasi. Mais, passé un certain âge, il faut arrêter avec ces conneries ! »
J'aimerais qu'on me dise ce qu'on a fait pour mériter ça, avec sa mère...
Je vous laisse imaginer l'état de cette dernière quand il a fallu que je lui annonce que son fils avait affiché un poster dédicacé de René Monory dans sa chambre d'étudiant !
Je réalise seulement aujourd'hui que, dès son plus jeune âge, des signaux d'alarme s'étaient manifestés, que nous n'avons pas su déceler, avec sa maman.
Par exemple, à la naissance de sa petite sœur. On lui a demandé s'il n'aurait pas préféré avoir un petit frère, pour jouer avec lui... Il nous a répondu : « Pas du tout ! Je préfère une petite

sœur, c'est mieux pour la parité ! » Il avait cinq ans…

À sept ans, sous prétexte qu'il avait atteint l'âge de raison, il nous a expliqué qu'il ne souhaitait plus consommer de nuggets de poulet, de bâtonnets de poisson pané Captain Igloo, de frites et de tartines de Nutella, et il a exigé qu'on lui serve désormais des repas équilibrés. Avec cinq fruits et légumes par jour. Un jour, trois fruits et deux légumes. Et le lendemain, trois légumes et deux fruits.

À dix ans, il savait déjà le métier qu'il voudrait faire quand il serait plus grand : médiateur de la République.

C'est l'époque où je me suis mis en tête de l'intéresser au football. Je me souviens l'avoir emmené voir un match PSG-OM au Parc des Princes. Pendant toute la rencontre, il a soutenu alternativement les deux équipes !…

Comme je connaissais un membre du staff du PSG, j'ai pu l'emmener rencontrer les joueurs au vestiaire, à la fin du match… Vous savez ce qu'il a fait ? Il est allé directement demander un autographe à l'arbitre ! Qu'il a chaudement félicité en ces termes : « Bravo pour ce magnifique match nul, c'était pas gagné avec tous ces excités qu'il y avait sur le terrain ! »

À l'approche de la puberté, vers douze-treize ans, sa mère s'est mis en tête de faire son éducation sexuelle. Elle l'a pris à part et lui a dit : « Mon chéri, il est temps que tu saches comment on fait les enfants… » Il lui a rétorqué : « Pas question !

– Comment ça, pas question ?

– Il n'est pas question une seconde que j'envisage de faire des enfants dans un contexte international aussi instable, auquel s'ajoute une conjoncture économique pour le moins incertaine ! »

Voilà…

Six mois plus tard, on a compris que la puberté était arrivée pour de bon quand on l'a surpris en train de s'adonner à des pratiques autoérotiques avec à la main – celle qui était disponible – un vieux numéro de *Playboy* qu'il avait piqué dans ma collection. Quand j'ai vu ça, ça m'a bien fait rire. Je me suis dit, un brin attendri : « Finalement, d'une génération à l'autre, on passe tous par les mêmes étapes dans la construction de notre vie d'homme... » J'ai cessé immédiatement de rigoler quand j'ai découvert que ce petit saligaud vicieux avait planqué une revue à l'intérieur du numéro de *Playboy*, une revue dont j'ose à peine vous livrer le titre... *Quel avenir pour le radicalisme valoisien* !

En tout cas, depuis qu'il a fait son coming out le jour de ses dix-huit ans, on a tout tenté pour l'aider à s'en sortir.

On a essayé de lui faire prendre de la drogue – et puis alors, du costaud ! Je lui ai préparé un cocktail explosif : coke-ecsta-champignons-Mediator pilé ! Le tout dilué dans du Red Bull-tequila ! Une mixture capable de faire danser la « Macarena » à une unité entière de soins palliatifs en pleine intégrale de *Derrick* sur France 3 ! Résultat, on a passé la nuit à discuter politique et à refaire le monde !

Qu'est-ce qui se passerait si les radicaux de gauche prenaient le pouvoir ?
Doit-on avoir peur de Jean-Michel Baylet ?
Et, si Lecanuet ressuscitait, serait-il plus Borloo ou Bayrou ?
Bref, on s'est tapé un bon délire...
Au petit matin, je lui ai dit : « Allez, on se refait un trip pour la route ? Tu veux un peu de speedball en plus ? » Il m'a répondu : « Non, papa. Tu es gentil, mais arrêtons-nous là. Nous avons vécu un moment délicieux grâce à ta merveilleuse boisson énergisante. Et ce sera encore meilleur si nous laissons passer un peu de temps avant d'en reprendre. »
Mamma mia... Dix-huit ans !
Vous allez me demander : et les filles ?
Il les apprécie. Mais, d'une manière générale, il trouve qu'elles manquent de pondération.
Je sais, par exemple, qu'avec son premier béguin sérieux, la petite Marie-Anne-Aymone, qu'il avait rencontrée au club de Scrabble de son lycée – une gamine adorable, le portrait craché

de Marielle de Sarnez –, ça s'était pas très bien passé…

Il a raconté à sa mère que le jour où ils ont décidé de faire *la chose* pour la première fois, après avoir longuement pesé le pour et le contre, et surtout évalué conjointement les conséquences à court et moyen terme du franchissement d'une étape aussi décisive dans la construction de leur relation –, eh bien, quand ils sont passés à l'acte, sa partenaire s'est mise à pousser des cris, manifestement de satisfaction. Ça ne lui a pas plu du tout, il l'a congédiée !…

« C'était insupportable. J'avais l'impression d'être dans une manif ! », qu'il a expliqué.

Sa mère était hors d'elle. « Mais enfin, Ernesto ! Le jour de ton dépucelage, tu as la chance de tomber sur une fille jolie, pas trop coincée, qui te crie son plaisir pendant l'amour, et toi tu la flanques dehors ? Tu préfères que je te présente à Christine Boutin, c'est ça ?! »

Il lui a répliqué : « Pourquoi pas ? Ça se négocie... »
Affligeant !
On l'a inscrit dans un groupe de parole thérapeutique : les « démocrates-sociaux anonymes ».
Sans résultat.
Avec sa mère, on rêvait de donner naissance à Ravachol, et on se retrouve avec Dominique Baudis !
Sa nouvelle lubie, c'est de s'inscrire aux Jeunes Giscardiens... Eh oui, ça existe encore.
Il est super-fier parce que Jean-Pierre Raffarin a accepté de le parrainer.
Quand il nous l'a annoncé, on était estomaqués.
« Mais enfin, Toto ! » (Oui, je vous rappelle qu'il s'appelle Ernesto, en hommage au Che.)
« Mais enfin, Toto, ce Raffarin est un monstre ! Souviens-toi des vingt mille morts de la canicule de l'été 2003... Raffarin, le premier politicien qui remplissait les urnes avec ses électeurs ! Sans compter qu'il va y avoir que des vieux croutons, chez tes Jeunes Giscardiens ! »

Réponse : « Justement. En prenant de l'âge, ils se sont bonifiés : ils sont beaucoup plus modérés qu'avant. »

Qu'est-ce que vous voulez répondre à ça ?

Il ne vous reste que vos yeux pour pleurer et votre poing levé pour le mordre…

NOIR SALLE

L'artiste est planté au milieu
du plateau, face au public,
vêtu d'un gilet multipoches
et tenant un micro de reportage à la main.
Il est un envoyé spécial en zone de guerre,
en duplex et en direct pendant un JT.
Il s'adresse donc à une caméra imaginaire
en face de lui. Les spectateurs entendent
en voix off le présentateur du JT,
Jean-Claude (Narcy),
quand il lit son texte.

Voix du présentateur du JT :

– Nous retrouvons tout de suite Brice Balluchon, notre envoyé spécial au Kosovo.

Brice, vous avez réussi à rentrer au Kosovo, vous êtes à proximité de la frontière albanaise, quelle est la situation sur place ?

L'artiste prend un air important et concerné.

– Écoutez, Jean-Claude, je pense qu'il y a un léger malentendu ; là, je ne suis pas au Kosovo mais à la frontière irakienne, et c'est un véritable crève-cœur. Comme vous pouvez le voir derrière moi, une colonne ininterrompue de réfugiés fuit vers le Kurdistan turc. J'ai parlé avec certains d'entre eux, et le récit qu'ils font des horreurs commises par les hordes irakiennes est terrifiant…

– Merci, Brice, vous restez avec nous tout au long du journal et vous intervenez quand vous le souhaitez.

– Absolument, Jean-Claude. Mais je n'interviendrai que s'il se passe vraiment quelque chose. Je ne tiens pas à occuper l'antenne pour le plaisir de l'occuper ; nous avons, je pense, tiré les enseignements des erreurs commises pendant la première guerre du Golfe, où les envoyés spéciaux intervenaient à tout bout de champ, même s'ils n'avaient aucune information à délivrer.

– Absolument, Brice. Vous faites bien de le signaler, donc à tout à l'heure…

– Non, parce que rien n'est plus insupportable que ces envoyés spéciaux qui s'écoutent parler alors qu'ils n'ont rien à dire. Heureusement, nous qui sommes sur le terrain, nous avons enfin pris la mesure de notre insignifiance, qui est proportionnelle à la colossale complexité des bouleversements que l'histoire en marche derrière moi imprime sur la carte du monde. Avouez que, dans un tel contexte, il serait pour le moins déplacé de s'abandonner au narcissisme.
– Merci, Brice.
– Prenez mon cas, même si je conçois fort bien que les téléspectateurs soient impressionnés par les risques considérables que j'ai pris pour arriver jusqu'ici dans le seul but de témoigner, et c'est vrai que lorsqu'on connaît la cruauté des forces spéciales de Saddam Hussein, c'est assez gonflé de ma part…
– Merci, Brice, à tout à l'heure.
– … Il faut savoir que les gens qui marchent derrière moi, eux aussi, sont des héros.
Merde, pourquoi y m'a coupé, ce con ?! Attends une seconde…

L'artiste se retourne brusquement vers l'arrière-scène en faisant un « halte » de la main.

STOOOP !...

Toujours de dos, il se tourne côté jardin. Il s'adresse à René, son assistant sur le terrain, censé être avec lui, mais hors champ de la caméra.

René, tu bloques la colonne, je dois faire un autre direct dans cinq minutes, je veux pas me retrouver en panne d'arrière-plan...

Il se replace face au public et parle à son oreillette, manifestement avec le rédacteur en chef du JT, pour se plaindre du présentateur.

Tu lui dis qu'il a pas à me couper pendant mon plateau, je suis désolé, mais... Quoi ? Qu'est-ce qu'il a dit ? Comment ça, paramilitaire ? C'est un pléonasme ?... Un para, c'est forcément un militaire !... Mais c'est pas vrai, il est trop con !!! À ce niveau de perfection, ça force l'admiration. Pour une fois que je peux faire un direct dans le 20 heures, y faut que ce soit LE jour où c'est Jean-Claude Narcy qui présente. Attends !

Il se retourne à nouveau vers l'arrière-scène.

STOOOP ! *Salam aleykoum, Tovarich ! Allah akbar !*

Dos au public, il se retourne à nouveau côté jardin.

Je t'avais dit de bloquer la colonne, René ! Y sont pressés ? ! Oui, ben écoute, ça fait trois semaines qu'y marchent, y peuvent bien attendre une petite demi-heure la fin du journal !

Il s'adresse à nouveau à l'arrière-scène où est censée se trouver la colonne de réfugiés.

Don't move, please ! French TV, yes. Danielle Gilbert ? You know Danielle Gilbert !... Wonderfull ! She's my mother !

Il se tourne côté jardin.

Putain, René, tu te rends compte, y connaissent Danielle Gilbert !!! Y z'ont des supermarchés, en Irak ?

Il se retourne brutalement vers la colonne.

No, no ! Don't make « koukou » at the camera, please ! You stop your mulet, and wait a minute, thank you...

Il se retourne face au public et parle à son oreillette.

OK, passe-moi Jean-Claude… ouais, Jean-Claude, tu n'as pas le droit de me couper pendant… Hein ? Non, Jean-Claude… D'abord, ce sont des Kosovars, pas des samovars. Et là, je suis au Kurdistan turc, pas au Kosovo… Comment ça, y sont trop gros pour des réfugiés ?! Tu veux peut-être que je les pèse, aussi ? Ils sont plus maigres sur France 2 ? C'est pas possible, j'y crois pas ! Jean-Claude, c'est normal, c'est le service public ! Combien on fait de parts de marché ? 50 %, absolument ! Et à France 2 ? Exactement, 25 % ! Ce qui fait 25 % de moins. Donc, leurs réfugiés à eux sont 25 % plus maigres que les nôtres. C'est normal. Et ça ne signifie pas pour autant que nos réfugiés à nous soient trop gros ; ils sont dans la bonne moyenne. Je te répète que je suis au Kurdistan, là, pas en Éthiopie ! Au cas où ça t'aurait échappé, les réfugiés qui marchent derrière moi ne sont pas des Noirs !

Jean-Claude lui dit quelque chose dans l'oreillette qui lui fait lever la tête, affolé... Il se retourne immédiatement vers la colonne de réfugiés.

Qu'est-ce que ce Noir fait dans la colonne ?!... Depuis quand il y a des Kurdes noirs ?! Quelqu'un cherche à me saboter mon direct !...

Il parle au gars dans la colonne, en lui faisant un grand salut du bras.

Hello ! No problem, tovarich... You can go on. Go on, go on !

Il se tourne côté jardin, vers René.

À tous les coups c'est l'équipe de France 2 qui nous l'a envoyé, celui-là... Bon, tu les fais avancer, René, je reprends l'antenne dans trente secondes. Et un peu de vigilance, s'il te plaît. Si tu vois passer un réfugié enroulé dans une couette et monté sur un dromadaire, tu lui indiques gentiment la colonne de France 2. Les Bédouins, c'est dans le journal de Rachid Arab qu'ils passent ! Tant pis pour lui si ça fait ton sur ton... Et même chose

pour les Chinois qui tirent des pousse-pousse et les Peaux-Rouges à cheval avec peintures de guerre et tomawaks ! Pendant mes plateaux, je veux une colonne de réfugiés qui soit lisible par tous les téléspectateurs…
Attention, c'est parti !

Il se retourne face au public.
Voix off du présentateur :

– Et nous retrouvons notre envoyé spécial au Kosovo, Brice Balluchon, pour faire le point sur l'exode des réfugiés vers l'Albanie. Brice, vous m'entendez ? Où en sommes-nous ?
– Non, Jean-Claude, écoutez-moi : le Kosovo, c'est fini.
Maintenant, c'est la guerre du Golfe, la deuxième, OK ?… Bien, vous savez comme moi à quel point il est difficile d'obtenir des informations fiables lors d'un conflit armé. Le doute et la circonspection sont devenus les deux mamelles du journalisme de guerre. Voyez ces réfugiés qui marchent derrière moi… Ils sont traumatisés, et c'est précisément

pour cela que j'ai décidé de ne pas solliciter leurs témoignages. Garder la tête froide face à l'événement est aujourd'hui la condition *sine qua non* d'une bonne information, et comme je le disais à l'instant à un de ces réfugiés kurdes…

Il met la main à son oreillette.

Enfoiré de salopard ! Y m'a encore coupé, ce con ! Ça va pas se passer comme ça ! Une seconde…

Il se tourne brutalement vers la colonne.

Stop !

Puis vers René, côté jardin.

René, tu bloques la colonne.

Il se met à arpenter le plateau en travers, excédé, en parlant à son oreillette.

Je veux pas le savoir ! Tu dis à ce diminué du cortex de me remettre à l'antenne tout de suite.

Il aperçoit quelque chose dans la colonne.

Une seconde…

Il se tourne côté jardin.

René, qu'est-ce que c'est que ça ? Peux-tu me fournir une explication au fait que ce réfugié porte un tee-shirt « M6 boutique » ?! C'est l'aide humanitaire ? M6 est partenaire de Handicap international ? Tu veux dire fournisseur ?
Bon, fais redémarrer la colonne, René. On n'est pas là pour faire la promo de la concurrence... Où j'en étais, moi ?

Il se replace face au public.

Ah oui. Je veux l'antenne, tu m'entends ? J'ai pas fini ! C'est ce qu'on va voir... T'as qu'à lui dire que je suis au courant pour la petite de la météo. Tu lui dis simplement de ma part « cumulus, nimbus, interrompus ». On va bien voir comment il va réa...

Voix du présentateur, fébrile.

– Oui, Brice, nous avons eu une panne de faisceau... Vous nous disiez ?
– Merci, Jean-Claude [sourire dans la voix]. J'étais en train de vous dire, avant d'être

interrompu par cette « panne de faisceau » probablement causée par un problème de météo – et Dieu sait que la météo peut se révéler une source de désagrément, Jean-Claude, vous en savez quelque chose…

– On vous écoute, Brice, la liaison est parfaite.

– Donc, je vous disais qu'il serait parfaitement indécent de ma part de prétendre éclairer nos téléspectateurs par un quelconque commentaire ; pour saisir la nature de ce conflit, il suffit d'observer cette colonne de réfugiés qui défilent derrière moi, [il montre du bras la colonne derrière lui, mais sans se retourner] ces hommes et ces femmes jetés sur les routes de l'exil. Regardez bien leurs visages, on y lit la dignité de ceux qui ont côtoyé l'innommable…

– Excusez-moi de vous interrompre, Brice, mais il n'y a personne derrière vous…

– Hein ?

Il se retourne brusquement vers l'arrière-scène.

Meeerde !

Il se retourne face au public.

Coupe, coupe ! Panne de faisceau !

Il se tourne côté jardin.

René, qu'est-ce que c'est que ce bordel ? Comment ça, y en a plus ?

Il se tourne vers la colonne, côté cour cette fois, puisque sortie du champ.

STOOOP !... *Tovarich, come back !*

Il fait de grands gestes pour leur dire de revenir.

Good biffetons !

Il sort un billet de 5 euros de son gilet multi-poches.

French dollars ! OK, you stay here ! Good réfugiés...

Il se tourne vers René.

Bon, René, à partir de maintenant, tu me les tiens ! Dès qu'ils sortent du champ, tu leur fais faire le tour derrière la caméra. [Il fait un rond avec le bras.] Absolument, tu les fais tourner en boucle. Et tu cavales tout de suite me chercher d'autres réfugiés... Tu te démerdes ! T'as qu'à demander à France 2 qu'ils nous en prêtent quelques-uns des leurs. Tiens, j'ai une idée... Il nous reste du pastis ?... Bon, alors tu ramènes carrément l'équipe de tournage de France 3. Y sont jamais moins de cinquante, et vu comme y sont fringués, on fera pas la différence.

Il se tourne vers la colonne qui est de nouveau en arrière-scène.

Bordel de merde ! J'ai dit que je ne voulais pas de « M6 boutique » dans la colonne ! Il est bouché çui-là ? Allez, ouste *tovarich*, dégage ! Hein ? Non, *I am not Laurent Boyer* !

Il s'adresse à René.

Il est trop con, lui, y me confond avec Laurent Boyer...

Il se tourne vers la colonne.

Allez, le peigne-cul, tu te casses ! Mais c'est pas vrai ! Y a pas un taliban dans le coin, pour nous en débarrasser ? Je te dis de te barrer, espèce d'enturbanné à poils longs. Ou je te transforme en dégât collatéral…

Il se repositionne face caméra, donc au public.

C'est bon, on y retourne, je reprends l'antenne quand vous voulez…

Voix off présentateur.

– Mais, Brice, vous y êtes !

Ton chevrotant.

– Hein ? Depuis quand ?
– Eh bien, depuis un bon moment… Brice, vous connaissez la devise de la maison : priorité au grand reportage. Vous avez fini, là ?
– Euh, oui. J'ai fini, oui, j'ai…
– Alors, peut-être que maintenant on pourrait… envoyer, je ne sais pas moi… La météo, par exemple ?

Rire gêné.

– Hi-hi. Euh, oui…

NOIR SALLE

L'artiste est assis
sur une chaise, face au public.
Il lit un grand album cartonné,
visible par le public, dont la couverture
est illustrée de motifs découpés :
une photo de poupée Barbie,
une croix gammée, des petites fleurs,
un casque de la Wermacht,
des cœurs.

Hé-hé-hé. Ah, c'est mignon, j'adore ! Écoutez ça. « Mon cher journal, il me tardait de pouvoir te raconter ma journée d'hier, car je sais qu'à toi je peux tout dire sans crainte.

J'ai tellement eu à souffrir de la méchanceté des garçons et des filles de mon âge par le passé ; heureusement, je sais que toi, mon meilleur ami, tu ne me trahiras pas.

Même à Papa, je n'ai pas osé le dire, de peur qu'il se moque de moi.
Si tu savais, petit journal, si tu savais…
Hier soir, l'amour a frappé à ma porte, et je l'ai fait entrer.
Tout ce bonheur dans un seul cœur – oh oui, oh oui, ça me fait peur !… »

Oui, je sais, ça ne se fait pas de lire le journal intime d'une jeune fille.
Mais là, je ne peux pas résister : c'est celui de Marine Le Pen.
C'est un copain à moi qui bosse comme chef de rang chez Jenny, la grande brasserie alsacienne, qui l'a trouvé sur une banquette…
Vous ne me croyez pas ? Regardez…
Oui, oui, c'est bien Barbie !

L'artiste se remet à lire.

« Laisse-moi te raconter ce qui s'est passé, mon cher petit journal adoré qui, toi, au moins, n'est pas celui d'Anne Frank. Hi-hi-hi – quelle blagueuse je fais !

Ah, que c'est plaisant de pouvoir en sortir une bien bonne comme Papa de temps en temps ! Moi, je n'ai pas le droit de le faire à la télé... C'est trop injuste ! »

L'artiste regarde le public.

Charmant...

Il reprend sa lecture.

« Hier, je m'apprêtais à participer à un débat sur France 2 sur le thème : "Pourquoi il ne faut surtout pas inviter Marine Le Pen à la télé". J'étais très fatiguée, car je sortais juste d'un shooting pour le magazine *Marie-France*, qui prépare un dossier intitulé : "Je suis blonde de souche, et alors ?"
Bref, j'étais épuisée quand il est arrivé et qu'il s'est assis juste à côté de moi, dans la salle de maquillage de France 2, et c'est probablement cette fatigue qui m'a rendue encore plus émotive. Toi, tu sais, petit journal, combien je suis d'un naturel sensible. Au point que, lorsque j'étais

plus petite, je n'arrivais pas à écouter Papa nous raconter ses souvenirs d'Algérie sans éclater en sanglots. Aujourd'hui encore, j'en ai les larmes aux yeux. Quand je pense à toutes les fois où il aurait pu s'électrocuter !

Il s'est donc assis à côté de moi, et je crois bien qu'il l'a fait exprès.

J'ai joué celle qui ne l'avait pas reconnu, mais, très vite, j'ai constaté qu'il cherchait à croiser mon regard dans le miroir. J'ai senti que je commençais à rougir, et j'ai demandé à la maquilleuse de rajouter un peu de fond de teint. J'étais tellement gênée !... Mais aussi troublée, je peux bien te l'avouer, mon cher journal.

C'était la première fois que je rencontrais Éric Zemmour en vrai !

Regard attendri de l'artiste en direction du public.

Son regard noir intense, profond, implacablement dardé sur mon reflet frémissant, se faisait de plus en plus caressant, mais aussi conquérant dans ses tentatives de capter le mien, que je

sentais un peu plus près de chavirer à chaque instant.
Je ne savais pas où me mettre. Mais j'aurais tellement aimé que lui, oui !
Hi-hi ! Pardon, petit journal, pour cette plaisanterie un peu leste. Mais que veux-tu, je suis la digne fille de mon père…
Quel charme, quelle virilité ! Certes, il n'est pas très grand par rapport à moi. Et alors ? Je pourrais être sa Carla Blondie !
Et ce nez ! Jésus, Marie, Adolf, ce nez ! Quel engin !…
Ce n'est pas un cap ni même une péninsule, c'est un sous-continent ! Une telle proéminence ne peut qu'être de bon augure…
Oh, mon Dieu, je suis folle d'écrire cela !
Tu ne le répéteras pas, mon fidèle confident. Jure-le-moi… »

L'artiste, hilare, parle au public.

Oh ben non, tu vas pas le répéter, hein ?!
Elle est mimi, celle-là.

Quelle petite coquine ! Qui l'eut cru !
Vite, la suite…

Il reprend la lecture.

« Oui, je peux bien te l'avouer, mon doux journal, son nez provoque en moi beaucoup d'émoi. Pas seulement par sa taille, mais aussi par sa forme… Ça doit être l'attraction de l'interdit. Papa m'a toujours formellement défendu de fréquenter des garçons qui en avaient un comme celui-là. Il faisait toujours la même réflexion : "Lui, je peux te garantir qu'il en est, ça se lit sur son nez." Et il ajoutait en rigolant : "C'est un détail qui ne trompe pas !" Je n'ai jamais compris ce qu'il voulait dire exactement. N'empêche que moi, maintenant, ça m'excite énormément…
Je crois bien que je suis amoureuse, mon doux journal.
Son assurance m'impressionne et me rend toute tremblante ; et, en même temps, je ressens une folle envie de le prendre sur mes genoux et

d'entourer son petit corps noueux de mes bras protecteurs pour le mettre à l'abri de la dureté du monde, de tous ceux qui lui veulent du mal, notamment toutes ces femelles droits-de-l'hommiste qui s'accouplent avec des immigrés en citant Simone de Beauvoir !
J'aimerais pouvoir le rassurer en lui murmurant des petits surnoms affectueux, ainsi que des mots doux : mon Benito d'amour... mon Pinochet en sucre... mon Poupoutine à moi... »

L'artiste s'adresse au public.

Ohhhhhh, mon « Poupoutine » – c'est trognon !

Il reprend la lecture.

« Je serais ta Marine nationale, et toi, mon petit matelot à pompon !...
Pas ta Marine à voile, tu ne risques rien de ce côté-là, je te rassure ! Mais ta Marine à vapeur, ouiiii ! À toute vapeur, même. Tchou-tchou, petit machiniste, tchou-tchou-tchou !...
Entends-tu l'appel de ma grande chemi... ? »

L'artiste au public.

Ah non ! Noooon ! Là, c'est trop ! Ah, les Le Pen, faut pas les amener sur le terrain du cul. Très vite, ça dégénère ! Pardonnez-moi, je ne voulais pas vous infliger ça. Voyons la suite. Ah, là ça va mieux…

Il reprend sa lecture.

« Mon cœur battait si fort dans ma poitrine gracile comprimée par l'émotion que je craignais qu'il l'entende… J'étais aussi bouleversée que lors de ma première histoire d'amour avec Jean-Kevin, *alias* Doigt d'honneur, ce jeune skinhead si romantique que j'avais rencontré à la sortie du Parc des Princes où Papa nous avait traînées, avec mes sœurs, pour assister à un match PSG-Bayern Munich. Il était tellement délicat… Au cœur de l'échauffourée, il disait à ses camarades de jeu : “Ne tapez pas trop fort, les amis, n'oubliez pas que ce sont des Allemands !”
Ah, mon Doido, c'était un garçon adorable ! Une boule de tendresse… Il avait même gravé

un cœur avec nos initiales sur la partie supérieure de sa batte de base-ball. Il y a des personnes de couleur qui en portent encore aujourd'hui la marque sur le front ou sur la nuque. Ah, quand l'imagination est au service de l'amour !

À côté d'Éric, je ressens la même chose. Il est ma bouffée de jouvence, celui qui m'offre un cœur tout neuf.

Nota bene : penser à récupérer la culotte bavaroise en cuir à bretelles que Papa obligeait Tonton Bruno Gollnish à enfiler quand il le recevait à dîner à la maison. Il me tarde de la faire essayer à Éric ; je suis sûre qu'elle lui ira à ravir… Miam miam ! »

Entre nous, avouez que c'est attendrissant, non ?

NOIR SALLE

L'artiste est installé
dans un canapé de psy
et s'adresse à un praticien fictif
placé derrière sa tête
et qui lui répond.

– Je vais mal, docteur, je vais très très mal !

– Qu'est-ce qu'il y a, mon vieux ? Allez-y, dites-moi tout.

– Depuis l'annonce de sa défaite, je ressens comme un grand vide…

– Un seul être vous manque, et tout est dépeuplé.

– Cela faisait tellement d'années que je le pratiquais…

– Ah, les relations fusionnelles, quand ça s'arrête, c'est toujours violent.

– Il était une telle source d'inspiration que…

– Forcément, vous vous sentez un peu orphelin, quelque part, vous avez l'impression de…
– Bon, je peux en placer une ?
– Oui, pardon ! Naturellement, allez-y, mon vieux.
– Il était tellement insupportable, odieux, narcissique, brutal, immature, cynique, dépourvu de convictions, opportuniste, menteur, paranoïaque, vindicatif, névrosé, ridicule, arrogant…
– Dit comme ça, effectivement, on a envie de le rencontrer !
– … Teigneux, ingrat, égoïste, inculte. C'était tellement facile et gratifiant de dire du mal de lui ! Pour nous, les humoristes, il était devenu plus qu'un compagnon de route, un véritable partenaire. Tous les matins, il nous tendait une perche, et on n'avait plus qu'à la…
– Ah, une perche, vous dites ? C'est intéressant. Vous voulez développer ?
– Oh, ça va ! Commencez pas avec vos cochonneries… Il nous offrait des verges pour le battre. Voilà, vous êtes content ?
– Désolé, ça m'a échappé. Vous disiez ?

– Eh bien, j'étais en train d'essayer de vous dire que, depuis qu'il est parti, je me sens comme en trop… Superflu, facultatif… En fait : inutile. Aussi inutile qu'une talonnette dans un magasin de tongs.
– Je vous comprends. Moi aussi, dans le boulot, j'ai parfois l'impression de ne pas…
– Non, et puis avec le nouveau, ce n'est plus pareil. Ce pauvre François Hollande, on n'a pas envie de le flinguer, on a envie de le nourrir ! Alors que le nain surélevé, pour nous, c'était du pain bénit. Il était tellement perfectionniste, dans son genre… Ses Rolex, ses Ray-Ban Aviator, le yacht de Bolloré, la bande du Fouquet's… Ses copains chanteurs tout pourris, son mannequin trop grand pour lui… Son obsession du pognon… Les Balkany. Hmmmm… Toute cette vulgarité revendiquée, assumé, portée en étendard – pour nous, c'était du caviar ! Avec lui, tous les jours, on avait droit à du Alfred Jarry revisité par SAS. Jamais plus on ne retrouvera un client aussi généreux ! Il donnait tout. Le bouclier fiscal, c'était grandiose ! La tentative de nomination à la tête de l'Epad de son

grand fiston qui triplait sa deuxième année de deug de droit, n'était-ce pas une pure merveille ? Même les Gabonais, ça les faisait rigoler. Et Brice Hortefeux… Nadine Morano… Frédéric Lefebvre ! Vous vous souvenez de Frédéric Lefebvre ? Le nombre de conneries qu'il était capable d'aligner en une seule déclaration… C'était fabuleux !…

– Allez-y, mon vieux, libérez-vous. Vous savez, moi aussi j'ai connu des passages à vide dans mon job. Surtout au début. Je me souviens, alors que j'étais un jeune thérapeute plein d'illusions, j'avais participé à un séminaire intitulé « À tu et à toi avec ton surmoi » et, le soir, au dortoir, je m'étais fait salement bizuter par une bande de lacaniens déchaînés… Ils m'avaient pris tout mon argent liquide, ensuite, ils m'avaient mis tout nu et, avec du cirage, ils m'avaient…

– Hé, ho, ça va pas la tête ?! Vous avez entendu parler de l'« écoute flottante » ? Vous faites ce que vous voulez, vous pensez à autre chose, vous piquez un roupillon discret, mais vous la bouclez quand je parle !

– Bien sûr, bien sûr, pardon !... Continuez.
– Vous voyez, quelque part, je me sens coupable... S'il nous a quittés, c'est aussi un peu de notre faute. Arriver quatrième au premier tour derrière François Bayrou, quand même, quelle humiliation. Et sa femme qui l'a quitté deux jours après... Pour refaire sa vie avec le vrai père biologique de ses jumeaux... Michel Polnareff ! Sans parler de son nouveau job... Bon, c'est plutôt sympa de la part du patron du Fouquet's, Dominique Desseigne, de l'avoir fait embaucher comme chef croupier au casino de Deauville. Mais on aurait pu espérer une reconversion un peu plus ambitieuse. D'accord, il avait annoncé qu'une fois son boulot de président terminé il consacrerait son temps à ramasser du pognon. Mais je n'avais pas compris qu'il allait le faire avec une balayette sur une table de roulette.
– Tiens, je n'avais pas remarqué : dans croupier, il y a *croupe*.
– Je n'aurais jamais pu deviner non plus qu'il allait se mettre à boire... Ça m'a fait un choc quand lui et son copain Sami Naceri se sont fait

débarquer d'un avion d'Air France, ivres morts mais néanmoins déterminés à se rendre à New York pour faire évader DSK.

– J'y pense : dans analyste, il y a *anal.* Merde alors !...

– D'un autre côté, on sentait bien que, depuis son remariage avec Mimi Mathy, il n'allait pas très fort... Et, entre nous, il aurait dû accepter le boulot que lui a proposé François Hollande au lendemain du second tour. La présidence de l'Institut du monde arabe, c'était une bonne place. Même Jacques Chirac a essayé de l'aider... C'était quand même généreux de sa part, de lui offrir un poste de responsabilité dans son musée des Arts premiers, quai Branly... Directeur du pavillon pygmée, c'était intéressant ! Je ne comprends pas qu'il ait refusé.

– C'est quoi, le nom du quai que vous avez dit ?

– Je ne lui pardonnerai jamais de nous avoir laissés tomber. Il n'avait pas le droit de nous faire ça ! Et pour mon tic de l'épaule, vous pouvez faire quelque chose, docteur ?

NOIR SALLE

Composition et mise en pages
Nord Compo à Villeneuve-d'Ascq

Dépôt légal: mars 2016

www.ingramcontent.com/pod-product-compliance
Lightning Source LLC
LaVergne TN
LVHW041030150826
845672LV00001B/257

* 9 7 8 2 8 6 3 7 4 3 7 3 7 *